MARCUS
SCHENKENBERG
NEW RULES

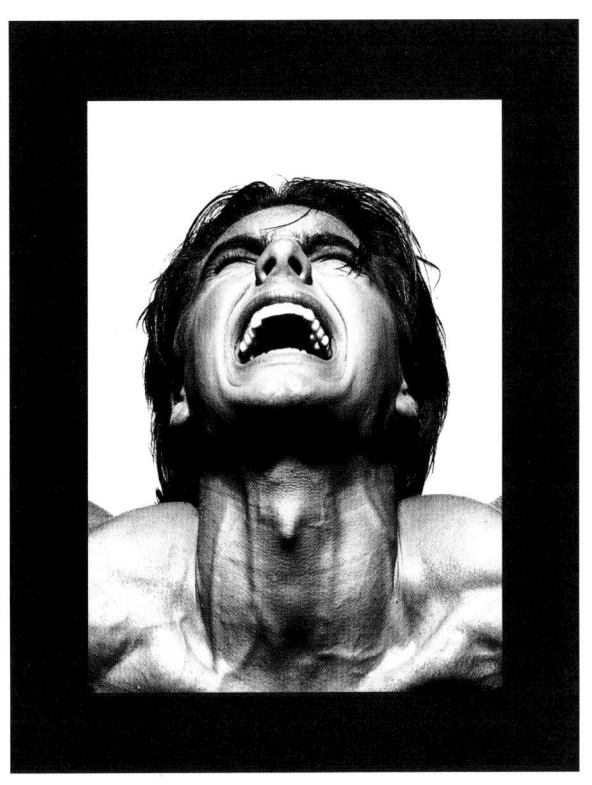

SCHIRMER/MOSEL

München·Paris·London

Aus dem Englischen übersetzt von
Matthias Wolf

© 1997 by Marcus Schenkenberg und Boss Models
© dieser Ausgabe 1997 by Schirmer/Mosel München
Autorisierte deutschsprachige Ausgabe des 1997 bei Universe Publishing,
New York, erschienenen Werkes *Marcus Schenkenberg – New Rules.*

Die Deutsche Bibliothek – CIP-Einheitsaufnahme
Marcus Schenkenberg, new rules / [Marcus Schenkenberg ... Aus dem Engl.
von Matthias Wolf]. – München: Schirmer/Mosel, 1997
ISBN 3-88814-881-2

Design: Lee Swillingham und Craig Tilford
Printed in England
ISBN 3-88814-881-2

Titel
PATRIK ANDERSSON
New York, 1997

Vorsatzpapiere
BRUCE WEBER
San Francisco, 1989
Calvin Klein campaign

Rechts
PATRIK ANDERSSON
New York, 1997

Innentitel
TYEN
Paris, 1990

inhalt:

05

Free Man
Gianni Versace

Es kommt nicht oft vor, daß man einen Mann wie Marcus sieht, der sich in seinem Körper und in seiner ganzen Existenz so wohl fühlt, daß er die Grenzen der Kultur überschreitet. In diesem Sinne ist er frei, und wer ihn anschaut, fühlt sich ebenfalls frei.

Bei allen meinen Kreationen geht es mir immer wieder darum, daß diese Freiheit des Ausdrucks sich ausleben kann. Und wenn Marcus sie vorführt, bringt er ihr wahres Potential zur Geltung.

Aufnahmen von Marcus unterscheiden sich von denen der meisten anderen Models, weil er eine so unglaubliche körperliche Präsenz besitzt. Er kennt seinen Körper, er weiß, wie er ihn zu bewegen hat und wie er seine Energie einsetzen kann, um ein Bild zu schaffen – und seine Bilder sind phantastisch! Sie sind umgesetzte Bewegung: Manche sprengen förmlich den Bildrahmen, andere wirken wie in Zeit erstarrte Augenblicke. Sie sind auch expressiv: Er interpretiert die Mode und macht sie sich ganz zu eigen. Deshalb versteht man auch, wieso er das erste männliche Model wurde, das die Leute vom Namen her kennen.

Nach den ersten berühmten Aufnahmen von Marcus fingen Männer an, sich die Haare so wachsen zu lassen, wie er sie trägt, sie wurden körperbewußter und achteten darauf, daß die Kleidung ihrem eigenen Stil entspricht. Es hat immer eine starke Fraktion unter den Männern gegeben, die sich für Mode und Stil interessierte, aber niemals war das Modebewußtsein so ausgeprägt wie heute. Für einen Modedesigner ist dies eine aufregende und inspirierende Zeit.

Aber es ist mehr als nur ein vorübergehender Trend. Die Männer orientieren sich an Marcus: Es bereitet ihnen keine Schwierigkeiten, den Ausdruck ihrer Männlichkeit mehr zur Geltung zu bringen, sie bekennen sich dazu, sexy und schön zu sein. Und das ist nur der Anfang …

Gianni Versace

Links
MICHAEL TAMMARO
New York, 1997

Diese Seite
RICHARD AVEDON
New York, 1993
Versace campaign

Seite 8
KAL YEE
Los Angeles, 1989

Seite 9
BRUCE WEBER
San Francisco, 1991
Calvin Klein campaign

07

masculinity

Evas Versuchung
William Norwich

Rechts
STEVEN MEISEL
New York, 1992

Seite 14
KARL LAGERFELD
Paris, 1995

Seite 15
PETER BEARD
Miami, 1993
Esquire Gentleman

Unter den erlesensten Vertretern bestimmter göttlicher Zirkel – jenen distinguierten Herrschaften, die angeblich genau Bescheid wissen, was im guten alten Garten Eden tatsächlich vor sich ging – gilt es als ausgemacht: Die gerissene Schlange führte Eva dadurch in Versuchung, daß sie ihr Marcus Schenkenberg versprach.

Was Eva statt dessen bekam, war das erste modische Outfit der Geschichte: ein Feigenblatt von der Stange der Erkenntnis – tangamäßig knapp und dafür um so teurer. Aber das ist eine andere Geschichte.

Das letzte Mal traf ich Marcus Schenkenberg in einem Bistro namens »The Coffee Shop« in Downtown Manhattan am Union Square. Wir hatten uns zum Lunch verabredet, um über sein Buch zu sprechen. Er erschien mit einer tief in die Stirn gezogenen Baseballkappe und hochgeschlagenem Jackettkragen. Eine Art lose sitzendes Indianerhemd und eine schlabbrige Latzhose waren, so vermute ich, dazu gedacht, ihm ein Incognito zu verschaffen. Nur, angesichts einer Körpergröße von fast 1,90 m und einer elfenbeinernen Statur, die selbst Michelangelos David den Neid in den Marmorbody treiben könnte, war sein Versuch, in der Menge unterzutauchen, von vornherein zum Scheitern verurteilt. Marcus ist, in jeder Hinsicht, ein außergewöhnlich schöner Mann – Evas Versuchung, wenn Sie so wollen, und sicherlich auch die Versuchung des einen oder anderen Adam. Er »stellte etwas dar«, wie Romantiker über die Heroen in jenem anderen Garten Eden – das Hollywood der 20er Jahre – zu sagen pflegten. Die Köpfe drehten sich schneller nach ihm um, als die Kugel im Roulette rollt: Marcus Schenkenberg war da.

Der erste Eindruck, den er hervorruft, ist der eines großen Jungen, gerade so, als wäre die hochgewachsene, maskuline Gestalt, die da unbemerkt zu bleiben versucht, in Wirklichkeit der olympische Körper des atemberaubenden Athleten, der in einem unschuldigen Jungen wohnte, als dieser an einem makellosen Sonnentag in Venice Beach auf seinen Rollerskates herumsauste – an jenem Tag, als ein Photograph zum ersten Mal auf die Idee kam, Marcus könnte möglicherweise ein Model abgeben. Vielleicht würden Sie es so empfinden: Es ist, als befänden Sie sich – jenseits aller banalen Alltäglichkeit – mitten im Dschungel und sähen sich plötzlich einem majestätischen Löwen gegenüber, dessen Mähne goldener glänzt als die Strahlen der Morgensonne. Oder als ob ein Pfau vor Ihnen auf seinem Weg verharrte, um die irisierenden Farben seines Federkleids gegen die schwarze, windstille Mitternacht zu entfächern … In diesem Augenblick wüßten Sie ganz genau, daß Sie eine seltene Kreatur vor sich haben.

(Und denken Sie dran: Das Berühren der Tiere ist verboten.)

Ist das Anbiederei?

Okay, ich war von dem Exemplar beeindruckt, aber ich fühlte mich auch ganz klein wie irgendein alter Onkel, wenn sein hünenhafter Neffe von Harvard am Sonntagnachmittag zu Besuch kommt und sich gönnerhaft zu einem Plausch herabläßt. Marcus Schenkenberg ist mindestens sechzehnmal größer als ich – in jeder Richtung, schätze ich. Sei's drum. Er rutschte auf der Plastikbank rüber und bestellte irgendein exotisches Geflügel-Sandwich und Mineralwasser »ohne« – was vielleicht bedeuten soll, daß Marcus sich frei gemacht hat von jenen Zwängen und Stereotypen, denen Normalsterbliche sich hingeben. Er war hier, um nichts zu beweisen.

»Ist es nicht lästig, immer wieder als schön bezeichnet zu werden?« fragte ich.

Marcus lächelte. Zuckte mit den Schultern. »Du bist schön, du bist schön, du bist schön«, gurrte er im Tonfall der Stylisten und Photographen, mit denen er gearbeitet hat. »Je öfter man das hört, desto weniger bedeutet es. Aber am Anfang war es total aufregend, und heute – na ja – kommt drauf an, wer's sagt«, lachte er.

Nun ist Schönheit natürlich nicht unbedingt ein Begriff, der auf Männer angewendet wird, zumindest nicht bis vor kurzem. John Wayne, Clark Gable und selbst Robert Redford wurden nicht als »schön« bezeichnet. Sie waren gutaussehend. Wenn Marcus Schenkenberg von allen Medien als

10

»schön« beschrieben wird, so bedeutet das nicht nur, daß wir – die Öffentlichkeit – endlich einmal einer Meinung sein können, sondern es sagt auch viel darüber aus, wie sich die Vorstellung von Maskulinität, ihre Erscheinungsform, die Einstellung zum Körper und das menschliche Potential entwickelt haben – von den zur Schau getragenen Eitelkeiten der Ära Beau Brummells bis zur Gegenwart, der Ära der Muskelprotze. Nach der Renaissance waren es Frauen, nicht Männer, deren Fleisch in der Kunst enthüllt wurde. Doch der Fortschritt der Photographie hat das alles verändert, vor allem im Werk derjenigen Photographen, die seit dem Zweiten Weltkrieg den menschlichen Körper zum Mittelpunkt ihres Schaffens machten. Den Höhepunkt bildete in diesem Zusammenhang die 116seitige Werbebeilage von Calvin Klein in *Vanity Fair*, durch die Marcus Schenkenberg 1991 berühmt wurde. Hier, mit langem Haar, das aller Konvention zuwiderlief – Männerhaar in Frauenlänge – und in fast all seiner grandiosen Nacktheit präsentierte sich jener postfeministische »New Male«, von dem wir gerüchteweise gehört hatten: diese wie von Michelangelo geschaffene delikate Gestalt, deren Sixtinische Kapelle das nächstbeste Fitness-Center irgendwo in den USA im Zeitalter von MTV war. Diese ersten Bilder von Marcus, die nicht nur die Herzen höher schlagen ließen, kamen einer unglaublich provozierenden Inszenierung gleich; als Bühnenvorhang diente nichts weiter als ein feigenblattgroßer durchnäßter Baumwollfetzen, der zwischen seine Lenden fiel.

»Braun ist das neue Schwarz, Beige ist das neue Weiß, und Männer sind die neuen Frauen ...«
Jean Godfrey-June

In der Tat, die Modewelt sandte vielfältige Botschaften aus.

Was diese Bilder von Marcus so »fashionable« machte, war der offenkundige Ausdruck von Anti-Mode, »eine Art ambivalenter Transzendenz«, wie der Soziologe Fred Davis schrieb. »Leute, die aussehen, als wären sie allzu sehr an Mode interessiert, sind einfach nicht auf der Höhe der Zeit«, erklärte Calvin Klein. Für Klein und seine Anhänger vielleicht noch interessanter war das Zusammenspiel von Gesundheit und Fitness, wie es Marcus zur Schau trägt. Dies – und nicht etwa Disco-Rauch und Schummerlicht – steht in den 90er Jahren für Sex. Es ist eine interessante Wendung im Modelling, daß Marcus selbst dann, wenn er *keine* Kleidung trägt, Mode verkauft. Oder nehmen wir das Cover-Photo von Gianni Versaces Bildband *Mann ohne Krawatte*, eine Aufnahme von Richard Avedon, zu der ihn möglicherweise Lois Greenfields Photographien von Tänzern, vor allem von David Parsons, inspirierten. Hier springt uns Marcus entgegen, befreit von Schlips und Kragen und das Banner der »Freitagskluft« hochhaltend, sprich, das Ende der offiziell diktierten Moderegeln für die ansonsten zugeknöpften Vertreter des männlichen Geschlechts.

»Seit dem Beginn der neuzeitlichen Mode wirken alle künstlerischen Akte wie nicht bekleidete Personen«, schreibt Anne Hollander in *Seeing Through Clothes*. In ihrem Buch *The Language of Clothes* zitiert Alison Lurie den Psychologen J. C. Hegel mit seiner Theorie über die »Verlagerung der erogenen Zonen«, wonach dieser oder jener Körperteil – Schultern, Bauch, Beine, Po – von einer bestimmten Generation favorisiert und als erregend empfunden wird. Und erst kürzlich hat der Werbe-Profi Peter Arnell den männlichen Torso als das »erotischste Crossover-Image der 90er Jahre« definiert. »Er spricht Männer und Frauen an, Jung und Alt.« Schlägt hinter einem gewaltigen Brustkasten auch ein großes Herz? Das *New York Magazine* spricht in diesem Zusammenhang von »pecsploitation« (Ausbeutung der Brustmuskulatur), und in der Mai-Ausgabe 1997 von *Elle* ließ Jean Godfrey-June ihrer Begeisterung als Frau mit folgenden Worten Lauf:

»Braun ist das neue Schwarz, Beige ist das neue Weiß, und Männer sind die neuen Frauen ...«

Für mich ist der Bruce Weber'sche Marcus Schenkenberg in Überlebensgröße auf einer Plakatwand ein Zeichen dafür, wie sehr sich die Zeiten geändert haben.«

Wie Ms. Godfrey-June beobachtet hat, sind auch Männer nicht mehr immun gegen die obsessive Beschäftigung mit dem eigenen Körper, Eßstörungen, Minderwertigkeitskomplexe und andere fragwürdige Vergnügen der Image-Pflege, die so lange den Frauen vorbehalten waren. Top-Manager rennen in Fitness-Center, nur um irritiert festzustellen, daß in diesen Palästen der Pein wie auch in allen anderen Hochburgen der Anmache Darwinismus pur herrscht: Nur der Stärkste überlebt, und ohne Brustmuskulatur ist man abgemeldet. Ein Magazin wie *Men's Health*, das sich Fragen widmet, die früher ausschließlich in Frauenzeitschriften abgehandelt wurden, als da sind Fitness, Mode, Sex und Körperpflege, hat seine Leserschaft zwischen 1991 und 1997 von 200 000 auf 1,3 Millionen gesteigert. In ihrem neuen Buch *Die Macht der Schönheit* stellt Nancy Friday fest: »Schon heute machen Männer, die ihr Aussehen in die Machtstrukturen am Arbeitsplatz einbringen, von ihrem gesamten Waffenarsenal Gebrauch, einschließlich Aktenkoffer und Attraktivität, um der Konkurrenz den Vertrag vor der Nase wegzuschnappen ... Wir [haben] neue Konkurrenten im Schönheitswettbewerb, die gleichen, die einst unsere Jagdtrophäen waren. Haben wir wirklich geglaubt, Männer würden tatenlos zusehen, wie wir ihnen die Arbeitsplätze wegnehmen, die Rolle, die mehr als alles andere ihr Mannsein definierte, ohne auf Vergeltung zu sinnen? Und wenn sie ihr Geld in einen Calvin Klein-Anzug investieren, sich im Fitness-Studio trimmen und mehr Geld für einen erstklassigen Friseur ausgeben, Männer werden ihre Munition verschießen. Sie halten nichts von Leugnen.«

Marcus reagierte höflicherweise nicht auf meine Vermutung, man werde sich seiner als Symbol dieser revolutionären Wandlung im Bild des Mannes erinnern. »Aber ich find's okay, wenn die Männer etwas eitler werden. Ist doch gut, daß sie sich mehr um ihr Aussehen kümmern. Wenn Frauen das können, warum dann nicht auch Männer?«

Als ich den Leuten erzählte, ich wäre gerade mit Marcus Schenkenberg zum Lunch gewesen, wollten alle vor allem zwei Dinge wissen: 1. Wie sieht er nackt aus? 2. Ist er intelligent? Irgendwie schien es, als würden Mängel in einem der beiden Punkte das Neidgefühl ein wenig mindern, das einem scheinbar so perfekten Wesen entgegenschlägt.

In Antwort auf die zweite Frage, die mir am häufigsten in Zusammenhang mit Marcus Schenkenberg gestellt wird, kann ich nur so viel sagen, daß – mit dem großen Voltaire zu sprechen – diejenigen, die sich selbst für weise halten, die größten Narren sind. So gesehen besitzt Marcus Schenkenberg die größte intellektuelle Gabe, die man sich denken kann: die schöne Eigenschaft zu wissen, wenn er etwas nicht weiß, mit anderen Worten, Bescheidenheit. So mag beispielsweise für seine Artgenossen, die anderen – männlichen oder weiblichen – Supermodels, die Übernahme Hollywoods längst beschlossene Sache sein, aber als ich Marcus nach seinen Plänen für eine Schauspielerkarriere fragte, antwortete er mir: »Vielleicht. Irgendwann. Aber ich bin noch nicht soweit. Ich wüßte nicht, wie ich's anstellen soll.«

Welche Erkenntnisse sollen die Leute aus seinem Buch gewinnen?

Marcus überlegte einen Augenblick. »Daß ich meinen Job mache. Daß ich bin, wie ich bin – ein ganz normaler, unkomplizierter Typ. Ich weiß nicht«, lächelte er. »Modelling ist wie ein Lotteriespiel. Vor allem am Anfang gehst du immer wieder zu diesen Castings, und vielleicht kriegst du mal für einen Tag einen bezahlten Auftritt. Du wirst sehr schnell erwachsen. Du lebst in einer verrückten Welt, und ich kann wirklich nur von ganz, ganz großem Glück sagen, daß ich überlebt habe.«

Irgend jemand schrieb mal, Marcus Schenkenberg hätte das Gesicht eines Engels und den Körper eines Moriskentänzers. Man hätte das auch freundlicher ausdrücken und seine subtile Androgynität hervorheben können, die ja ein weiterer signifikanter Faktor seines Appeals ist. Aber es fiel mir wieder ein, als ich Marcus Schenkenberg das vorletzte Mal sah. Das war in Paris, bei der ersten Modenschau, die Alexander McQueen für Givenchy veranstaltete, Anfang 1997. Marcus hing im großen Foyer der École des Beaux Arts von einer Balustrade. Er trug nichts als einen blendend weißen Slip, und sein ganzer Körper war golden geschminkt. Eine nicht ganz so adonishafte Version dieses Bildes hatte 1634 Rembrandt gemalt: *Amor mit der Seifenblase.*

> **»... ich find's okay, wenn die Männer etwas eitler werden. ... Wenn Frauen das können, warum dann nicht auch Männer?«**
> **Marcus Schenkenberg**

Hinter Marcus spannte sich ein Paar gigantischer Engelsflügel von mindestens sieben Metern Durchmesser. Die Show fing mit etwa zweieinhalbstündiger Verspätung an. Es war ein eiskalter Januartag in dieser Marmorhalle, selbst für einen achtzehnkarätigen Engel mit einer himmlischen Gage. Zum Glück für ihn, der noch immer Jetlag-geschädigt war, hatte man ihm ein Sicherheitsgeschirr angeschnallt. Nachdem er so schon fast drei Stunden lang über der Meute internationaler Fashionpeople mit Jet-set-Attitüde geschwebt hatte, gab der Engel zu, daß er »etwas sauer war«.

Aber das war nicht einmal sein schlimmster Job. Den hatte er ein paar Jahre vorher gehabt, bei einer Preisverleihung, die aus Ibiza im Fernsehen übertragen wurde. Marcus fungierte als Zeremonienmeister, und seine erste Amtshandlung bestand darin, vor einem Live-Publikum auf einem Pferd aufzusitzen und sein Stichwort zu geben. Es sei nur so viel gesagt: Der Hengst war kein Engel.

Das Tier hatte andere Vorstellungen oder Bedürfnisse, um es vornehm auszudrücken.

13

style

sex

Ein Buch
Marcus Schenkenberg

Als mein Agent Jason Kanner mich fragte, ob ich ein Buch machen wolle, war mein erster Gedanke: *ein Buch*? So was macht man eigentlich erst, wenn man die Karriere schon hinter sich hat oder am Lebensende, wenn es sich lohnt, seine Memoiren zu schreiben. Aber dann dachte ich, warum eigentlich nicht? Kein anderer Mann in meinem Beruf hat das jemals gemacht, und schließlich lebe ich in der Zeit eines gewaltigen Umbruchs: Männliche Models, Männermode, Stil, Schönheit, Männer im allgemeinen – all das wird heute ganz anders betrachtet. Es ist eine aufregende Zeit, die es verdient, für die Nachwelt festgehalten zu werden.

So sitze ich also hier und schreibe die Einleitung zu meinem Buch … Ich muß gestehen, es war gar nicht so einfach, an all die Leute heranzukommen, die ich dazu brauchte, Material zu sammeln und zu schreiben, während man gleichzeitig von Aufnahmetermin zu Aufnahmetermin durch die ganze Welt reist. Aber es hat sich gelohnt, denn ich hatte das große Glück, mit den besten Photographen, Designern, Hair- und Make-up-Stylisten der Branche zusammenzuarbeiten – und wer könnte uns besser sagen, was in der Männermode heute en vogue ist?

Außerdem dachte ich mir, so ein Buch könnte dazu beitragen, auch anderen Models mehr Akzeptanz zu verschaffen, denn es macht einer größeren Öffentlichkeit bewußt, was Männermode eigentlich bedeutet, und vermittelt etwas über das neue Aussehen und das Image der Männer. Das allgemeine Interesse und die Publicity haben heute bereits gigantische Ausmaße angenommen; vor ein paar Jahren existierte noch nicht einmal der Begriff *männliches Supermodel*.

An erster Stelle möchte ich meiner Familie, Jason Kanner, meinen Freunden und all denen danken, die an mich geglaubt und mich in meiner Karriere unterstützt haben. Es macht mich außerdem glücklich, daß ich in der Lage bin, einen Teil der Erlöse aus dem Verkauf des Buchs einer Multiple-Sklerose-Stiftung zukommen zu lassen, denn diese Krankheit spielt in meinem Leben eine bestimmte Rolle.

Love, Marcus

16

fame

love

Ciao, Stockholm!

one

21

Immer noch der süßeste Kater
Yvonne Schenkenberg

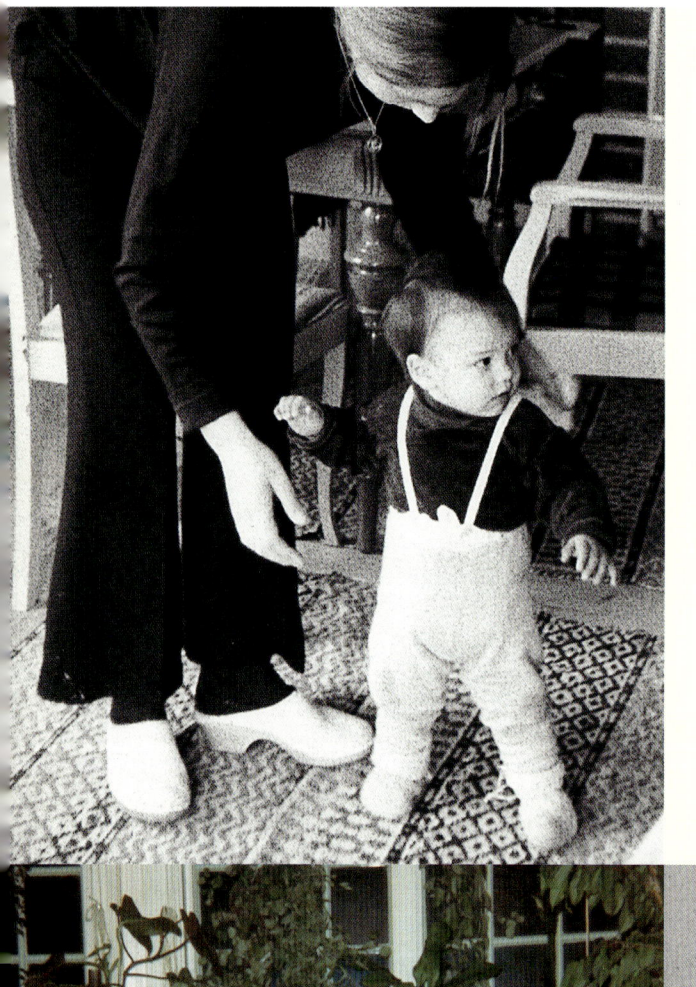

ie sagten mir, es würde ein Mädchen werden, und so hatte ich während der Schwangerschaft schon ein Kleidchen gemacht. Und als es dann soweit war, ging alles sehr schnell: Es machte »plopp«, und ein kleiner Junge von 3050 Gramm kam heraus. Er war wirklich süß, mit langem dunklem Haar, ganz das Ebenbild seines Bruders, der zwei Jahre vorher zur Welt gekommen war. Heute sehen sie sich nicht mehr so ähnlich. Michael wurde blonder, und Marcus ist immer noch so dunkel, wie er war. Meine anfängliche Enttäuschung war rasch verflogen, wir hatten jetzt zwei wunderbare Jungen, die die besten Freunde wurden – und es immer noch sind.

Er wuchs ohne besondere Probleme heran. Marcus war immer ein scheuer, empfindsamer Junge. Er liebt Tiere, und da wir immer Katzen hatten – manchmal auch Katzenjunge –, hatte er immer Tiere zum Spielen und zum Kuscheln. Eine unserer Katzen ist heute sechzehn Jahre alt, das ist diejenige, die er sich ausgesucht hatte, als er zwölf war. (Aber der süßeste und liebste Kater ist für mich natürlich immer noch Marcus.)

Im Sport war er immer gut, egal, was er machte: Skilaufen, Badminton und Tennis. Aber seine große Leidenschaft wurde Basketball. Marcus begann mit neun zu spielen, sein Bruder war damals schon dabei. Michael verlor nach einigen Jahren die

Lust, aber Marcus fing an, in höheren Altersgruppen als seine eigene zu spielen, und später wechselte er zu »Solna«, der besten Jugendmannschaft im ganzen Land, obwohl er viermal die Woche anderthalb Stunden zum Training fahren mußte.

Mit vierzehn kaufte er sich ein Moped von seinem Taschengeld. Er hatte es zwei Jahre lang, dann verkaufte er es mit Gewinn und schaffte sich ein Motorrad an. Ich dachte damals: »Das wird sicher mal ein tüchtiger Geschäftsmann ...« Ein Musiklehrer in der Schule meinte, Marcus hätte eine musikalische Begabung, deshalb überredete er ihn zum Geigespielen, aber das wurde ihm ganz schön schnell über (uns auch ...)

In den Sommerferien arbeitete er im Vergnügungspark von Stockholm, um Geld zu verdienen, weil er mit einem seiner besten Freunde in die Vereinigten Staaten fahren wollte – genau wie sein Vater und ich, wir sind als junge Leute auch nach Holland gefahren. Der Rest der Geschichte ist ja ziemlich bekannt. Trotz seines Erfolgs ist er immer noch derselbe besonnene, nette, süße und großherzige Junge, und wir sind sehr stolz auf ihn.

Love, Mom

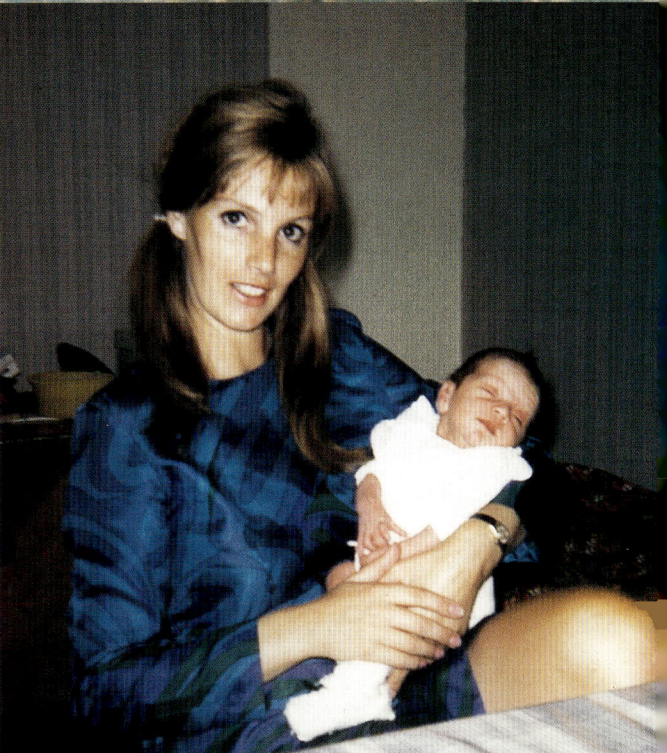

Solna Basketball Team
Schweden, 1986
Marcus (vorne links)

Seiten 22–23
Im Uhrzeigersinn
von oben:
Mom, 1971; Mom, 1971;
Mom und Dad, 1975;
Zwei Wochen alt, 1968;
Stockholm, 1969;
Mom, 1968; Michael,
Jessica und Smulam,
1978; Erste Schritte,
1969

25

Mein kleiner Bruder
Michael Schenkenberg

Diese Seite
Marcus and Michael
Stockholm, 1978

Rechts
Michael und Marcus
Stockholm, 1975

Woran ich mich bei meinem kleinen Bruder Marcus erinnere, ist, daß er ein sehr ruhiger Junge war – und irgendwie schüchtern. Er war extrem freundlich und hatte großen Respekt vor allen Lebewesen. Ich glaube, das ist auch einer der Gründe, warum Marcus und ich uns selten prügelten. Wir vertrugen uns zwar nicht immer, aber wir hatten fast nie einen richtigen Streit, und nur ganz selten haben wir uns mal angeschrien. Ich hab mich auch immer sehr um ihn gekümmert, und wenn er sich einmal verletzt hatte, bin ich immer sofort zu ihm hin und hab ihm geholfen. Wir hatten einen gegenseitigen Respekt, obwohl – oder vielleicht gerade weil – wir ganz unterschiedlich waren. Als Kinder und Jugendliche haben wir sehr viel Zeit miteinander verbracht, aber das hat dann aufgehört, als wir älter wurden. Ich finde es schwierig, Marcus als Heranwachsenden zu charakterisieren. Marcus war ein cooler Typ, der es nicht nötig hatte, die Aufmerksamkeit auf sich zu ziehen oder sich sonst irgendwie beweisen zu müssen (und man sieht ja, was aus ihm geworden ist). Ich weiß noch, daß ich manchmal eifersüchtig darauf war, wie er sich scheinbar an allem freuen konnte. Es kam oft vor, daß er mit irgend etwas zu spielen anfing und ich dann versuchte, ihn zu überreden, mit etwas anderem zu spielen, so daß ich mit dem spielen konnte, was er gerade hatte. Es sah immer lustiger aus, wenn er damit spielte. Als wir dann älter wurden, sind wir beide ganz andere Wege gegangen, und deshalb haben wir nicht so häufig miteinander zu tun gehabt. Ich weiß aber noch, daß er sich sehr für Motorräder und Autos interessierte, im Gegensatz zu mir. Ich kann mich auch daran erinnern, wie sehr es mich überraschte, als er beschloß, in die USA zu gehen, um »ein paar neue Erfahrungen zu machen«. Die meisten Jugendlichen aus Schweden, die in die Vereinigten Staaten gehen, tun das in irgendeiner organisierten Form. Marcus zog einfach los. Da wurde mir klar, daß er nicht einfach nur ein Junge mit Selbstkontrolle und Charakter war, sondern daß er auch die Fähigkeit besaß, Initiativen zu ergreifen, und den Mumm, sich auf Abenteuer einzulassen.

Kram, Micke

26

Mission

28

U.S.A.

Als ich ein kleiner Junge war, kannte ich die USA nur vom Fernsehen her – das war diese riesige, wilde, verrückte, brutale Stadt. Total aufregend. Ich erinnere mich an einen meiner Schulfreunde, der sagte: »Wenn du in die USA gehst, hast du nur zwei Möglichkeiten, um dir eine Existenz aufzubauen: Entweder du wirst Bulle oder Verbrecher.« Ironischerweise läuft gerade in diesem Augenblick, wo ich das schreibe, eine Sondersendung im Fernsehen über einen 69jährigen Mann, der auf der Aussichtsplattform des Empire State Building losballerte, sechs Fremde – darunter natürlich auch Touristen – erschoß und anschließend die Knarre auf sich selbst richtete. Das sind genau solche Sachen, die ich las oder im Fernsehen sah, als ich noch in Schweden war, und das war so meilenweit entfernt von der Welt, aus der ich kam. Ich glaube, so was könnte jeden ausländischen Teenager ein wenig verängstigen und abschrecken.

Als ich gerade Teenager geworden war, merkte ich, daß dies nicht die Wahrheit war, aber ich hatte keine Vorstellung, wie die Wahrheit wirklich aussah. Deshalb beschloß ich, als ich siebzehn war, nach Amerika zu gehen und mich selber umzuschauen. Mein bester Freund Anders und ich sparten Geld, und nach einem Jahr waren wir soweit, um aufzubrechen. Unser Flug ging am 3. Januar 1988. Meine Mutter war sehr nervös, und das färbte auf unsere Katze Lilian ab, die anfing, allerhand seltsame Geräusche von sich zu geben und wie eine Verrückte im ganzen Haus herumzurasen.

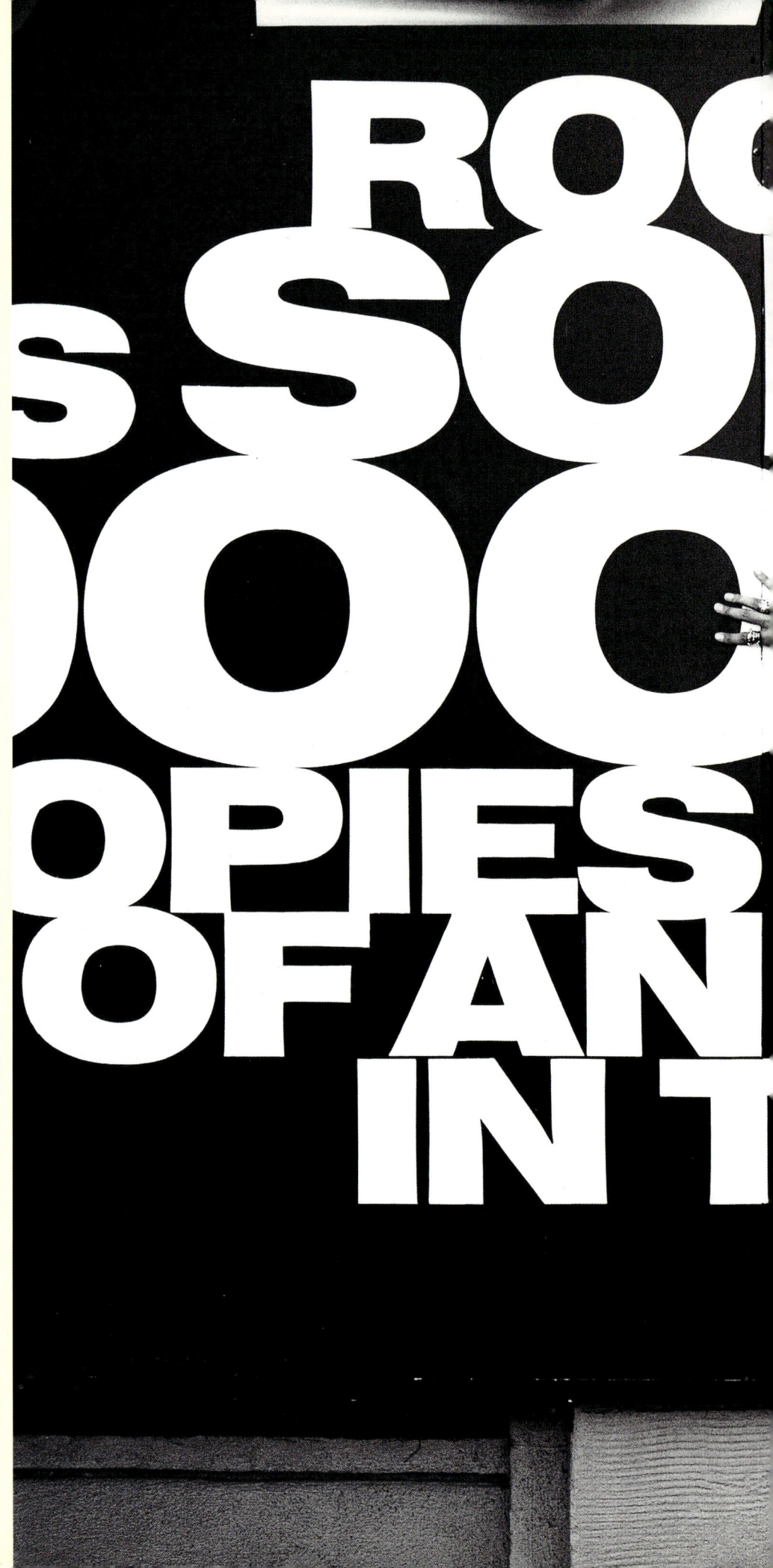

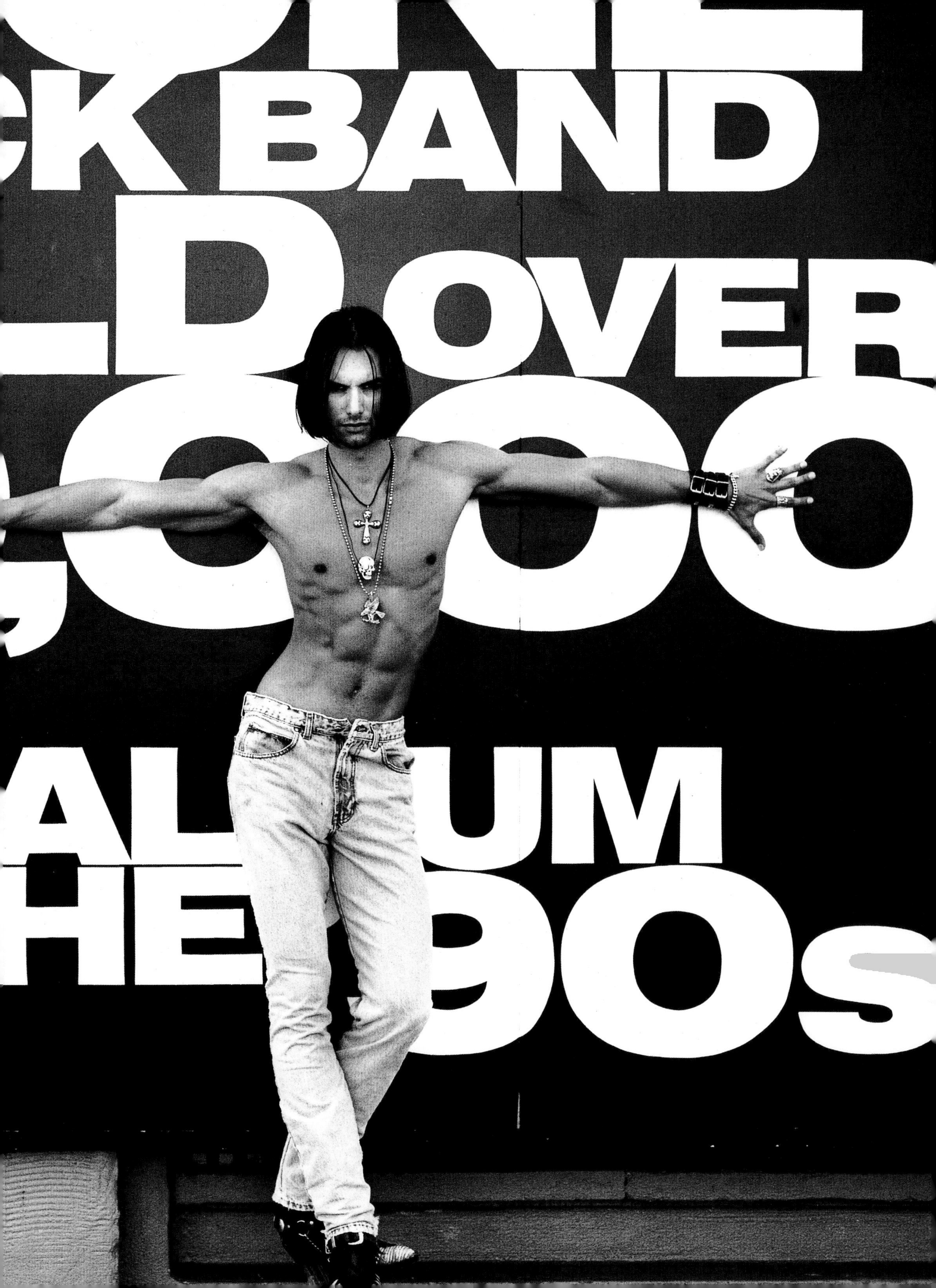
CK BAND
LD OVER
,OOO
AL UM
HE 90s

Falling to Earth

tokyo

35

DAVID LACHAPELLE
New York, 1995
Details

37

Die Entdeckung

Als ich in den USA ankam, beschloß ich, in Los Angeles zu leben, dort war es so sonnig und warm, und es gab den Strand – für jemanden, der aus Stockholm kam, war es wie ein völlig anderer Planet. Bei einem alten Mann in Beverly Hills bekam ich einen Job als Aufpasser für seine sieben Hunde, ich mußte den ganzen Hundedreck wegräumen. Das ging sechs Monate gut, dann wurde ich gefeuert, weil einer der kleinen Hunde sich am Hals aufgerissen hatte, als er versuchte, über einen Zaun zu springen, und der Besitzer mir die Schuld daran gab. Ich bekam einen neuen Job bei einer Familie, da mußte ich mich um die beiden kleinen Kinder kümmern und wohnte im Gästezimmer. Kochen und saubermachen war ja nicht gerade mein Ding, aber es war eine gute Erfahrung. An den Wochenenden fuhr ich nach Venice Beach raus, da gab es immer eine Gruppe von Rollerskatern, die mich faszinierten. Die hatten tolle Nummern und Tricks drauf. Eines Tages, als ich ihnen wieder zuschaute, fragte mich einer, ob ich es auch mal versuchen wollte. Ich sagte: »Das würde ich nie schaffen!« Sie überzeugten mich, daß es ganz leicht zu lernen wäre, so mietete ich ein Paar Skates, und sie nahmen mich zur Seite, um es mir beizubrin-

gen. Das war der totale Hit. Also zog ich los und erstand ein Paar billige Second-hand-Skates, mehr konnte ich mir wirklich nicht leisten; dann ging ich jedes Wochenende wieder hin, und allmählich wurde ich richtig gut. Ich übte auch rings um den Swimming-pool meiner Gastfamilie, und nachdem meine Skates so schlecht waren, montierte ich die Räder von den Skates der neunjährigen Tochter des Hauses ab. (Sie hatte die allerbesten Skates, aber die benutzte sie nie.) Als ich merkte, welch riesigen Unterschied die besseren Räder ausmachten, sparte ich mein ganzes Geld zusammen und kaufte mir ein Paar eigene High-tech-Skates. Es dauerte nicht lange, und ich war einer der besseren Skater am Strand. Etwa sechs Monate später, als ich gerade mit meinem Freund Issa meine Runden dreh-te, kam dieser Typ mit Aufnahmen, die er am Wochenende zuvor von mir gemacht hatte. Ich hatte nicht mal bemerkt, daß er mich pho-tographiert hatte. Er sagte mir, sein Name wäre Berry King und er wäre Photograph. Er sagte, ich sollte Model werden, und bot mir an, ein paar Testaufnahmen mit mir zu machen und mir bei der Suche nach einer Agentur behilflich zu sein …

Der Start: Mit Barrys Hilfe bekam ich einen Vertrag und wurde sofort für ein paar kleinere Sachen verpflichtet. Mein erster Job war für ein Plakat. Ich konnte es nicht fassen. Ich schrieb allen meinen Freunden in Schweden, daß ich an einem einzigen Nachmittag, praktisch ohne zu arbeiten, 500 $ verdient hätte! Etwa einen Monat später schickte mich die Agentur nach Europa.

TYEN
Paris, 1990

Seiten 42–43
CARLO BOSCO
Stockholm, 1994

41

(r)evolution

1. Reihe v. l. n. r.
KARY H. LASH
Stockholm, 1989

KAL YEE
Los Angeles, 1989

BERSA
Mexiko, 1992
Marco Polo Jeans

MARCO GLAVIANO
St. Barth's, 1993
Calendar

STEPHANIE PFRIENDER
New York, 1993
Uomo Harper's Bazaar

2. Reihe v. l. n. r.
ROBERTO DUTESCO
Los Angeles, 1992
Hollywood Jeans

TYEN
Paris, 1989
Ferre Jeans

3. Reihe v. l. n. r.
MARCO GLAVIANO
New York, 1994
Calendar

PATRIK ANDERSSON
New York, 1997

TYEN
Paris, 1990

CARLO BOSCO
Stockholm, 1994

THOM GILBERT
New York, 1992
Vogue UK

4. Reihe v. l. n. r.
GUZMAN
New York, 1994
Details

CONRAD GODLY
New York, 1995

MARCO GLAVIANO
Mailand, 1994
Verri Jeans

ALBERT WATSON
New York, 1997

MICHAEL TAMMARO
New YorK, 1996

RANDALL MESDON
New York, 1997

45

CARLO BOSCO
Schweden, 1990

Die Calvin Klein-Kampagne, San Francisco:
Bruce Weber sagte zu mir:
»In Wirklichkeit wirst du die Hose gar
nicht anhaben, Marcus. Vielleicht
wirst du sie ausziehen und dich irgendwie
bedecken.« Ich sagte ihm, das wäre okay,
solange ich nicht »irgendwas zeigen«
müßte, Sie verstehen schon. Für Europa
ist das keine große Sache, aber
ich vermute, für Amerika war das ganz
schön gewagt.

Auf
dem
Prüf-
stand

48

51

Seiten 49–54
BRUCE WEBER
San Francisco, 1991
Calvin Klein campaign

52

54

04.20.1991

Heute früh aufgewacht. Bin ganz aufgeregt: Endlich die Bestätigung, daß ich für die Calvin Klein-Kampagne nach San Francisco gehen werde! Um 12.00 von Paris nach New York abgeflogen. Sah »Ghost« an Bord. Maureen von New York aus angerufen. Hab sie seit zwei Wochen nicht gesehen, und jetzt bin ich endlich in New York, hab aber keine Zeit, sie zu treffen! So ein Frust! Na ja, noch eine Woche. Um 5.45 weiter nach San Francisco, sechs Stunden Flug. Konnte nicht schlafen – obwohl todmüde. Taxi zum Huntington Hotel. Konnte kaum meine Augen offenhalten (hab seit 24 Stunden nicht geschlafen!) Nettes Hotel. Sofort ins Bett gegangen.

04.21.1991

Sehr früh aufgewacht. Konnte nicht schlafen. Maureen in New York angerufen. Bin sehr glücklich und aufgeregt. Um 9.30 Termin mit Bruce Weber und den anderen. Scheint ein sehr netter Typ zu sein. Jeans, T-Shirts usw. anprobiert. Haare zurechtgemacht. Gleich ins Bräunungsstudio gegangen. Hab den restlichen Tag frei. Das Shooting beginnt morgen. Shopping gewesen, mit zwei von Bruces Assistenten Basketball gespielt. Toll. Mit einem der anderen Models, Eric aus Santa Barbara, chinesisch essen gewesen.

04.26.1991

Insgesamt 5 Tage für das ganze Rock'n'Roll Shooting. Bruce nahm 4 Models, Carré Otis und mich für die Band, und dann gab's noch 50 bis 60 Models, die als Statisten engagiert waren, um Presse und Publikum zu spielen. Bruce plazierte uns auf der Bühne, und wir mimten Gitarristen und röhrten. Bruce lief überall rum und machte Aufnahmen. Wir hatten alle Spaß dabei, und ich war überrascht, daß Bruce sich vor allem auf Carré und mich konzentrierte. Ich wußte nicht mal, wer sie war, bis Eric mir in einer Pause erklärte, sie wäre ein berühmtes Model und hätte ein Verhältnis mit Mickey Rourke. Ich dachte, sie wäre einfach nur eins der neuen Models wie wir anderen auch, denn so arbeitet Bruce ja normalerweise. Aber sie hatte keinen wirklichen Kontakt zu den übrigen, war sehr zurückhaltend. Während der Pausen ging sie immer mit irgendeinem Typen weg, der jeden Tag beim Shooting zuschaute. Eric erzählte mir später, es wäre Mickeys Bruder, der dabei wäre, um sie im Auge zu behalten.

04.06.1992

Schlecht geschlafen. In Downtown Manhattan Außenaufnahmen für *Harper's Bazaar* mit einem neuen englischen Model, die ihren ersten US-Auftritt hatte – Kate Moss, ein ruhiges, dürres Mädchen mit einem witzigen Akzent aus dem Londoner Süden. Sie hatte Lederhosen an, mit Nadeln zusammengehalten, die aussahen, als würden sie gleich runterfallen. Zuerst hat's Spaß gemacht, dauerte aber endlos. Der Photograph verknipste zig Filme für jedes Bild.

Brave New York World

three

57

58

New York
intim

Seiten 58–64
STEPHANIE PFRIENDER
New York, 1993
Harper's Bazaar

Später, so um 1991, kam ich als Model nach New York zurück. Eigentlich lebte ich in Paris, aber ich hatte dieses wunderbare Mädchen kennengelernt, Maureen Gallagher, mit der ich ein Verhältnis anfing. Sie lebte teils in New York, teils in Paris, und ich war gerade in San Francisco, wo ich mit Bruce Weber Aufnahmen für die Calvin Klein-Kampagne machte. Deshalb legte ich auf dem Rückflug nach Paris einen Zwischenstop in New York ein und blieb bei ihr in ihrer Wohnung. Wir waren verrückt nacheinander.

Nach etwa einer Woche, in der wir nichts anderes taten, als uns zu lieben, wurde ich langsam etwas unruhig. Da ich tagsüber nichts zu tun hatte, beschloß ich, mich nach einer Agentur umzusehen. Ich ging zu Wilhelmina, Ice, Men und (wieder) zu Boss. Diesmal bekam ich ganz andere Reaktionen als bei meinen ersten Anläufen, denn inzwischen war ich ja kein Anfänger mehr, hatte einige gute Tearsheets, einige gute Erfahrungen hinter mir, und außerdem einen sehr viel gepflegteren Körper. Schließlich entschied ich mich für die kleine Agentur namens Boss, denn diese Leute schienen ganz begeistert von der Idee zu sein, mich zu repräsentieren. (Außerdem hatten sie nichts dagegen, daß ich meine Haare lang ließ.) Maureen und ich bezogen eine größere Wohnung an der 57th Street zwischen der 8th und 9th Avenue, und das war toll, weil wir jetzt praktisch am Central Park wohnten, den wir auch weidlich ausnutzten – vor allem im Sommer. Der Central Park ist immer noch eine derjenigen Ecken in New York, wo ich an Wochenenden am liebsten hingehe, um zu entspannen und mit Freunden auf der Sheep's

Meadow herumzuhängen. Ich habe jetzt seit mehreren Jahren New York zu meinem festen Wohnsitz gemacht. Es ist wirklich unmöglich, sich hier zu langweilen. Ich habe meine eigene Wohnung, die ich in ein richtiges Schmuckkästchen verwandelt habe, und deshalb freue ich mich schon immer darauf, wenn ich zurückkomme. Außerdem finde ich es ungemein praktisch, daß man sich hier alles ins Haus liefern lassen kann – man braucht tatsächlich nicht die Wohnung zu verlassen, wenn einem nicht danach zumute ist, was mir immer wieder passiert, wenn ich von langen Reisen zurückkomme. Das einzige, was mir in New York fehlt, ist der Strand und die Sonne –, aber davon bekomme ich Gott sei Dank in meinem Job mehr als genug.

62

Book 'im

Am Anfang war es keine leichte Aufgabe, Marcus zu vermitteln. Damals gab es keine männlichen Models, die die Leute vom Namen her kannten, und die einzigen Jobs, die in Frage kamen, waren sehr kleine, unterbezahlte Anzeigen-Kampagnen und unattraktive Muskelprotz-Photos in Modezeitschriften. Ich hatte hauptsächlich mit weiblichen Models gearbeitet, und auf dieser Seite des Business kannte ich mich ziemlich gut aus. Bei Marcus sah ich sofort, daß er das Zeug hatte, so prominent wie ein weibliches Supermodel zu werden. Aber den Rest der Branche davon zu überzeugen, das war etwas anderes. Angesichts dieser Herausforderung mußte ich jede Gelegenheit und jeden Kontakt (Photographen, Editors, Kunsthändler usw.) nutzen; es war, als befände ich mich in einem zivilisierten Krieg – ich bombardierte sie mit Photos und Ideen und versuchte, sie für das Konzept einer männlichen Fashion-Ikone, eines Supermodels, zu erwärmen. Die meisten konnten nichts damit anfangen – und auch nichts mit ihm. Er war wirklich groß (knapp über 1,90 m), hatte sehr langes Haar (wie es damals niemand trug) und diesen unglaublichen Körper, der eine ganze Menge Leute verschreckte.

Es war die Minorität der Ketzer, die das Risiko auf sich nahm und Marcus zu dem machte, der er heute ist. Diese wenigen, die einzigen in der Branche, die immer sehr risikofreudig sind, fingen allmählich an, Marcus zu buchen und sein Image herauszubilden.

Einer der ersten, die etwas mit Marcus anfangen konnten und sich für ihn einsetzten, war Joseph Oppedisano, der Chefredakteur von *DNR (Daily News Record)*, dem größten Branchenmagazin für Männermode. Marcus' Calvin Klein-Kampagne war gerade angelaufen, und es gab einen riesigen Medienzirkus um ihn. Joseph, der natürlich scharf darauf war, Kapital aus dem Werberummel zu schlagen, wollte Marcus unbedingt als Coverboy für eine Ausgabe von *DNR* haben – er sollte Entwürfe des Designers John Bartlett präsentieren, der damals gerade erst am Beginn seiner Karriere stand. Es war nicht nur eine von Marcus' ersten Buchungen, sondern auch die erste *DNR*-Ausgabe, die sich ein Hochglanz-Cover leistete.

Aber ein erstes Titelbild von Marcus genügte mir nicht. Ich wollte, daß auch sein Name auf dem Cover erschien, und zwar genauso groß wie der von John Bartlett. Bei Fairchild Publications konnte man sich dafür natürlich nicht erwärmen. »Für das Model interessiert sich doch kein Mensch«, hieß es. »Es ist völlig egal, ob sein Name auf dem Cover erscheint oder nicht.« Ich insistierte und sagte, ohne Namensnennung würde es keinen Marcus auf dem Cover geben. Zuerst war ich unsicher, ob ich dieser relativ nebensächlichen Angelegenheit nicht zuviel Gewicht beimaß, aber irgendwie wußte ich, daß ich mich in diesem einen Punkt auf meinen Instinkt verlassen konnte. Ich war sicher, daß es ein ungeheurer Bonus für seine Karriere wäre, wenn sie sich darauf einlassen würden. Nachdem Joseph, der Designer und natürlich meine Wenigkeit sich mit vereinten Kräften ins Zeug gelegt hatten, ging die Sache schließlich reibungslos über die Bühne. Als die Ausgabe erschien, war Marcus auf dem Cover, sein Name stand genauso groß da wie John Bartletts, und die gesamte Branche nahm Notiz davon. Ich war unheimlich stolz. Erst in diesem Augenblick wurde mir klar, was für ein Meisterstück uns da gelungen war. Fairchild Publications hatte das nie zuvor gemacht – nicht einmal bei den Frauenzeitschriften – und seitdem auch nie wieder. Es war ein großer Sieg, der Marcus viele weitere Siege eintrug, und inzwischen gibt es viele männliche Models, die von diesem Durchbruch profitiert haben. Der Rest ist Geschichte.

Jason Kanner, Booking Agent

attitude

MARCH 1995 £2.95

om
anes
oys keep
winging

oria
tefan
d the
mbo
eens

uce
Bruce
skin off
ass

fashion extra

ivienne westwood
talks through her bustle

marcus schenkenberg
the world's sexiest man goes greek

Fags to riches
How to succeed
in business

Jackmasters
A history of
House

08

WINNER

DEUTSCHLANDS
TRENDMAGAZIN

OKTOBER 10 / 1993 · 6 Mark · 6 sfr

Kult, Mode, Erotik,
Szene, Stars

Tips & Tricks
Fit für heiße
Nächte

Nirvana-Interview
Am Hofe von
König Kurt

Vietnamesisch Essen
Power für
die Potenz

Machen Sie mit!
Eine Hymne für
Deutschland

Markus Schenkenberg: Schärfer als Schiffer

Mann,
bist du sexy!

Lustobjekt Mann: Die schönsten Pin-ups

Leute Arnold Schwarzenegger, Paul Weller, Gianna Nannini (nackt), Foley, Matthias Horx

IC

INTERNATIONAL
COLLECTIONS
for men

**Hot Summer
Fashion Issue**

Fifty Pages Of What Men Should
Be Wearing This Summer

Bruce Weber
Redefining Manhood

Summer 19

ISSN 09

---

ntro

NUMMER 2 1994
40 KRONOR

Skansgrepp
EXKLUSIVT UTDRAG UR HÖSTENS BESTSELLER

ns bästa festivaler
stens smaskigaste bestseller
defelds extrema fester
niens sexigaste skådespelerska
lands vulgäraste TV-serie
ckens store dadaist
riges fräckaste villa
ets sällsamma makt
maren är kort

0587-02

Knäpp upp

L'Espresso

CONFALONIERI/I verbali inediti
ARBASINO/Reportage su Milano

N. 28 · ANNO XXXIX · 23 LUGLIO 1993 · LIRE 3.000

RETROSCENA

**Meglio
Loi che
morti**
SETTE MESI A
MOGADISCIO: TUTTI
I SEGRETI DELLA
ROTTURA CON L'ONU

RIVELAZIONI

**Operazione
Mani
Legate**
NUOVI DOCUMENTI
E TESTIMONIANZE
SULL'ONDATA
ANTI-DI PIETRO

EROS, VOLGARITA', BELLEZZA
Richard Avedon: intervista
esclusiva e otto
pagine di foto mai viste

Stephanie Seymour
fotografata da Avedon
per Versace

Il Maestro e Stephanie

YM

VOLUME 5 1990

**What
turns
him on**
50 secrets
you need
to know

**the no-brainer
beauty guide**

how to get
the hair you've
always wanted

the death diet
one girl's
horror story

**mode
men**
why these
three guys
hot, hot, h

special sealed section

getting intimat

• how to tell if you're ready for sex
• the 10 biggest sex lies ever!

VARON
MEXICO

EMBRE

18
600 00
M 50

EL TABACO:
ocanadas de 500 años

toño vestido de traje

ccesorios: Detalles de hombre

AZQUEZ RAÑA: Vericuetos del olimpismo
ean MEYER: La Nueva Iglesia Mexicana

ulio César Chávez Campeón anti-Macho

ARENA
homme plus

AUTUMN/WINTER EDITION   £2.80

**200 pages of
fashion for men**

high five the new
supermodel army

Tyson, Tim, Marcus, Gregg and Lany photographed by Albert Watson

---

clothes
SHO

JULY 1995 £1.60

FREE
MAKE-UP INSIDE

**WATERPROOF
MAKE-UP TO**
beat
the
heat

EXCLUSIVE
marcus!
WE TALK TO
the man
behind the tan

over
30
best buy
ACCESSORIES

FREE FREE FREE

gu
g
BELL
ARE B
BACK

hot fashio
curvy CORSETS
fantastic PLASTIC
all white BETTER BUYS

07

»Marcus Schenkenberg war das erste männliche Model, dessen Name Eingang in die Alltagssprache gefunden hat. Das ist aus zwei Gründen bemerkenswert: 1. hatte es nie zuvor das Konzept eines männlichen Celebrity-Models gegeben und 2. ist der Name ›Schenkenberg‹ ebenso schwierig auszusprechen, wie er sich schreibt. Also nicht gerade das, was einem Namen zur Alltäglichkeit verhilft. Dennoch bestimmten ihn seine Attraktivität, seine Sinnlichkeit und seine überlebensgroße Persönlichkeit zu einer Karriere, die nicht nur für ihn persönlich erfolgreich werden, sondern auch neue Maßstäbe für die Branche der Männermode setzen sollte. Mit dem Aussehen, das sowohl Frauen anspricht als auch Männer inspiriert, mit dem Professionalismus eines Schauspielers und der Bereitschaft, bei Aufnahmen zu experimentieren, war Marcus in der Lage, die bis dahin geltenden Grenzen für männliches Modelling zu durchbrechen.« Trish Becker

Freizeit

Im Uhrzeigersinn von oben:
Italien, 1995;
Times Square, New York,
1994; Lake Rudolf, Kenia, 1993;
Patricia Velasquez, Arizona 1994;
Jean Beauvoir,
Key West, 1995;
Angie Everhart, Kenia, 1993;
Flughafen, 1995
(Patrick McMullan);
Cameron und ein Assistent,
Seychellen, 1994

Ich mache selten Urlaub. Selbst mein Nachtleben scheint um die Arbeit zu kreisen. Aber ich versuche, mir Zeit für Dinge freizuhalten, die nichts mit meinem Job zu tun haben:

1. Mom anrufen, natürlich. Wir telefonieren mindestens einmal pro Woche.

2. Work out.

3. Basketball spielen. Wenn ich in New York bin, spiele ich mehrmals pro Woche mit einer zusammengewürfelten Mannschaft im Fitness-Studio. Das ist immer noch eine meiner Lieblingsbeschäftigungen.

4. Videospiele. Bevor wir ausgehen – oder wenn wir zu Hause bleiben wollen –, kommen Cameron, Jason Olive, Joel West und Gregg Spaulding zu mir, um Videospiele an meinem Big screen zu spielen. Für mich ist das auch eine Möglichkeit, meine Aggressionen abzureagieren, wenn ich nach einem frustrierenden Job sauer bin. Dann kille ich eine Menge meiner virtuellen Kollegen mit meinem Stun gun auf Virtual Cop. Mortal Kombat III finde ich auch gut. Früher habe ich viel Doom gespielt, aber nachdem ich's bis zum Endstadium geschafft hatte, wurde mir die Sache langweilig.

5. Fernsehen.

6. Filme auf Video ansehen oder ins Kino gehen. Meine

absoluten Lieblingsfilme sind *Star Wars* – den hab ich zum ersten Mal mit elf gesehen – und *Forrest Gump*, toll gemacht, eine schöne Story. Hollywood-Filme gefallen mir besser als alle anderen. Die sind einfach nicht zu schlagen. Meine Lieblingsschauspieler sind Jack Nicholson, James Dean, Dustin Hoffman, Nicholas Cage, Michelle Pfeiffer, Mira Sorvino, Emma Thompson und Susan Sarandon.

7. In Bars, Clubs oder auf Partys gehen.

8. Herumhängen. Wenn's schön ist, fahre ich in den Central Park und lieg da mit Freunden rum.

9. Zeitung lesen. Das mache ich meistens im Flugzeug oder im Hotelzimmer.

10. Ein Buch lesen. Am liebsten mag ich Bücher über Psychologie. Ein phantastisches, das ich vor kurzem gelesen habe, ist *…Familie sein dagegen sehr* von Robin Skynner und John Cleese. Ich lese gerne Sachen, von denen ich etwas lernen kann und die mir etwas bringen. Ich lese keine Thriller und Liebesromane. Im Augenblick lese ich *Die Kraft der Mythen* von Joseph Campbell. Das hat mir Jason Olive empfohlen. Das Lieblingsbuch aus meiner Jugend, das mich endlos fasziniert hat, ist der Roman *Hebt die Titanic* über ein Team, das den Dampfer heben will, um nach dem Schatz an Bord zu suchen.

Nuts and Bolts

foll

71

Als Agenten sind wir ständig auf der Suche nach neuen Models, wobei wir natürlich immer hoffen, er oder sie wird das nächste Supermodel. Wenn das Talent noch ganz neu ist, man also überhaupt keine Erfahrung voraussetzen kann, dann interessiert sich der Agent als allererstes für das Potential.

Wenn Sie als Model Ihren ersten Termin mit dem Agenten haben, sollten Sie folgende Dinge beachten:
• Tragen Sie kein Make-up.
• Tragen Sie keine Sachen, die zu eng oder zu weit sind.
• Bringen Sie Photos mit, egal ob in einer Mappe oder irgendwelche Einzelbilder.
• Seien Sie natürlich. Das ist der wahre Schlüssel zum Modelling.

Agenten treffen ihre Entscheidungen nach folgenden Kriterien:
Wie groß? Männer sollten mindestens 1,80 m groß sein, aber Ausnahmen gibt es immer.

Sind Sie photogen? Haben Sie einen interessanten Look? Werden Sie vor der Kamera interessant wirken? Können Sie Ihre Präsenz zur Geltung bringen? Fühlen Sie sich locker genug, um sich natürlich zu bewegen?

Welche Veränderungen an Ihrem Aussehen müßten gegebenenfalls vorgenommen werden? Werden wir Ihr Haar beibehalten, oder werden wir es schneiden, die Frisur oder sogar die Haarfarbe ändern müssen?

Sind Sie körperlich in Form? Müssen Sie abnehmen oder sich vielleicht Muskeln antrainieren? Wie lange wird das unserer Einschätzung nach dauern? Der Zeitfaktor spielt immer eine ganz entscheidende Rolle.

Wie ist Ihre Persönlichkeit? Sind Sie unkompliziert? Kann man mit Ihnen leicht arbeiten? Werden die Kunden Sie mögen? Sind Sie aufgeschlossen?

Für welche Art von Arbeit sind Sie am besten geeignet – Modeaufnahmen, Katalog, Werbung? Es ist sehr wichtig, daß man genügend Flexibilität mitbringt, um alles zu machen.

Für welchen Markt wären Sie am besten geeignet, und wo sollten Sie beginnen? Mailand und Miami sind ideale Startplätze, aber wenn Sie genau den aktuellen Trends entsprechen, dann sollten Sie nach New York oder Paris gehen.

Wenn die meisten dieser Kriterien erfüllt sind, entscheiden die Agenten, ob Sie für ihren Markt in Frage kommen oder nicht und wann sie anfangen wollen, mit Ihnen zu arbeiten. Manchmal kann diese Entscheidungsfindung ein paar Monate dauern, aber wenn die richtigen Leute hinter Ihnen stehen, können Sie damit rechnen, innerhalb von drei Wochen ein neues Buch und eine neue Sedcard zu haben und eine Woche später mit der Arbeit zu beginnen.

Das Auge des Agenten Ina Bloom

Links
GILLES BENSIMON
New York, 1997
Elle

73

»Trish, wie sehe ich aus?«

Heute gibt es für dich sehr viel mehr Optionen, und die Zeiten einfacher Entscheidungen sind endgültig vorbei. Die Trennlinie zwischen funktionalem und modischem Outfit für Männer hat sich verwischt, und heutzutage kannst du in deiner Erscheinung ebenso expressiv sein wie Frauen – wobei du die Grenzen des guten Geschmacks hoffentlich nicht überschreiten wirst. Allerdings genügt es nicht mehr, wenn du nach einem Nadelstreifen-Anzug fragst, »einreihig« oder »zweireihig« zu verlangen. Heute mußt du schon konkreter werden: einreihiger Nadelstreifen-Anzug mit einem, zwei, drei oder vier Knöpfen ... traditionelles Marineblau mit grauen oder vielleicht roten, lavendelfarbenen oder gelben Streifen ... in engen, auffälligen oder unregelmäßigen Abständen ... locker fallend oder streng geschnitten. Die Designer haben einen Weg entdeckt – oder ihn vielleicht geebnet –, wie ein körperbewußter Mann auch Modebewußtsein haben kann. Sie haben Formen, Schnitte und Stoffe kreiert, die es bis vor kurzem noch nicht gab.

Designer, die lange Zeit nur den Grundbedarf an Herrenausstattung gedeckt haben, bringen heute eine größere Vielfalt in ihre Linien und verleihen auch traditionellen Kleidungsstücken einen modischen Pfiff: Bei einem klassischen Anzug werden Schultern und Taille betont, Pullover bekommen eine körperbetonte Linie, Hosenbeine werden weiter gemacht. Die Sportbekleidung ist chic geworden – fashionable, schmeichelhaft und widerstandsfähig. Die Optionen haben sich durchaus erweitert, aber sie sind auf einen Mann wie dich zugeschnitten, der seinen Körper ebenso einbringt wie seinen Kopf.

Das heißt, man muß fit sein, um in einen Pullover zu schlüpfen, der die Arme hervorhebt, um einen Anzug zu tragen, der die Taille betont, und eine Hose ohne Bundfalte erfordert eine durchtrainierte Bauchmuskulatur. Gut gekleidet zu sein setzt einen gut geformten Körper voraus.

Nicht nur die Grenzen zwischen Fashion und Funktion verschwimmen, auch diejenigen zwischen dem Wunsch, das Beste aus den neuen Optionen zu machen, und der Gefahr, sich selbstverliebt der eigenen Erscheinung hinzugeben. Männliche Eitelkeit mag im Aufwind sein, aber bleibt Eitelkeit nicht die Domäne des Frauseins? Werden, nachdem du und deinesgleichen »euren Look entdeckt habt«, die Frauen zur Konkurrenz vor dem Platz am Spiegel gezwungen werden? Wird der »Zahnpasta-Krieg« im neuen Jahrtausend abgelöst werden durch die Beschwerde »kauf dir endlich deine eigene Puderquaste«? Und wenn ihr Männer euch immer öfter in den Designer-Abteilungen der Kaufhäuser herumtreibt, ist es dann nicht unvermeidlich, daß ich eines schönen Tages neben dir im Frisiersalon sitze, während du Foliensträhnen appliziert bekommst und Make-up-Grundierung für Männer auf deinem Handgelenk testest? Vielleicht werden viele Kosmetik-Konzerne angesichts einer solchen Vorstellung in Begeisterung über einen erweiterten Markt ausbrechen, aber ich flehe zum Himmel, daß Männer ihre Nonchalance in Modefragen beibehalten. Und daß du zwar immer versuchen wirst, das Beste aus deinen neuen Optionen zu machen, aber nie der Versuchung erliegst, dich selbstverliebt deiner eigenen Erscheinung hinzugeben.

**Trish Becker
Bookings Editor, GQ**

Geheimtips einer Agentin: Das kleine Einmaleins des idealen Models

1. Versuchen Sie nicht, selbst einen Stil zu kreieren. Besprechen Sie sich in allen Fragen, die Garderobe und Frisur betreffen, mit Ihrem Agenten.

2. Der erste Eindruck ist alles. Auch wenn Sie sich keine Designer-Mode leisten können, sollten Sie sich, unabhängig von Ihren finanziellen Möglichkeiten, ein Standard-Outfit zulegen, das Sie bei Verabredungen mit Kunden und Photographen tragen. Je größere Sorgfalt Sie bei Ihrer Kleidung an den Tag legen, desto mehr werden Ihre Bemühungen anerkannt werden.

3. Denken Sie immer an Ihr gepflegtes Aussehen, wenn Sie mit Ihrer Agentur zu tun haben. Auch Ihr Agent muß von Ihrer Erscheinung beeindruckt und fasziniert sein, um Sie promoten zu können.

4. Körperpflege ist das oberste Gebot. Dazu gehören eine gesunde Ernährung und regelmäßige Fitness-Übungen.

5. Sie müssen sich mit Ihrem Agenten beraten, welche Konfektionsgröße Sie haben sollten. Wenn Sie nicht auf den Rat Ihres Agenten hören, könnte das Ihrer Karriere sehr abträglich sein, da die Kleider nicht passen!

6. Von meinen Models erwarte ich einen leicht gebräunten Körper. Wenn Sie also in einer Stadt mitten im Winter sind, müssen Sie regelmäßig in ein Bräunungsstudio gehen, um sich einen gesunden »Glanz« zu erhalten.

7. Nicht nur weibliche Models benötigen eine richtige Hautpflege. Haben Sie keine Hemmungen, in einen Schönheitssalon zu gehen. Wenn Sie Hautprobleme haben, sollten Sie sich dringend regelmäßig Gesichtsmasken machen lassen oder einen Dermatologen aufsuchen.

8. Falls Ihr Agent Ihnen dazu rät, könnte es sich als notwendig erweisen, daß Sie sich die Brusthaare mit Wachs entfernen lassen. Dies sollte ausschließlich – und zwar regelmäßig – von einem Profi gemacht werden.

Sarah Hamilton Bailey-Shaul, Booking Agent

Links
ARNALDO ANAYA LUCCA
New York, 1996

Mr. America

Rich Baretta, Fitness-Trainer
»Mr. America, 1987«

Links, Seite 80
CONRAD GODLY
New York, 1995
Fit for Fun

Als Marcus zum ersten Mal ins Equinox Fitness-Studio kam, erregte er ziemliches Aufsehen. Seine Haare bedeckten das ganze Gesicht bis zum Kinn hinunter, und innerhalb kurzer Zeit hatten alle Männer im Studio dieselbe Frisur. Von hinten sahen sie alle wie Marcus aus – außer man betrachtete den Körper genauer. Ich lernte Marcus kennen, als er zu mir kam, um sich ein paar Trainingstips zu holen: Ich sollte ihm helfen, ein Übungsprogramm zusammenzustellen. Er hat eine sehr unkomplizierte Persönlichkeit, man kommt gut mit ihm zurecht, und erst im

näheren Kontakt mit ihm stellte ich zu meiner Überraschung fest, daß er in Wirklichkeit sehr menschenscheu ist.

Wie soll man Marcus' Trainingsweise im Studio beschreiben? Er arbeitet sehr hart, ohne sich viel um die anderen zu kümmern, und kennt sich mit allen Geräten im Studio bestens aus. Trainieren macht ihm richtig Spaß.

Wie verhalten sich die meisten Besucher des Studios ihm gegenüber? Die Frauen drängeln sich in seiner Nähe herum, nur um auf sich aufmerksam zu machen, oder werfen ihm ein »Hi« zu in der Hoffnung, eines Tages Mrs. Marcus Schenkenberg zu sein. Die meisten Gays hoffen, er wäre gay (reines Wunschdenken). Bestimmte Gays timen ihre Workouts so, daß sie zur selben Zeit im Studio – oder sogar im Umkleideraum – sind wie er. Manche Leute, die ihn nie zuvor erlebt haben, halten ihn für arrogant, aber das ist nur Eifersucht, denn wenn sie einmal mit ihm gesprochen haben, stellen sie fest, daß er völlig normal ist.

Wie könnte man Marcus' Körpertyp beschreiben? Groß, aber nicht schlaksig wie die meisten männlichen Models. Angezogen wirkt er wie Durchschnittsgröße, aber im Trägerhemd merkt man, wie muskulös er ist.

Wie sieht Marcus' Fitness-Programm aus? Er arbeitet vor allem mit Muskeltraining und geht dabei wie ein Bodybuilder vor – er nimmt sich einzelne Körperteile vor und konzentriert sich in jedem Workout auf ein oder zwei Muskelgruppen. Zur Aktivierung des Herzkreislaufs läuft er und spielt Basketball, aber normalerweise versucht er, das auch in sein Trainingsprogramm einzubringen, indem er die Pulszahl konstant hoch hält und nur kurze Pausen einlegt.

Sollte dies auch ein normaler Mann machen, um einen Körper wie Marcus zu bekommen? Er könnte es tun, aber er darf nicht vergessen, daß Marcus schon seit Jahren trainiert.

Was wäre völlig unrealistisch? Die Vorstellung, man könnte genauso aussehen wie Marcus. Um einen Körper wie Marcus zu bekommen, genügt es nicht zu trainieren, man muß auch die richtigen Gene haben. Das einzige, was man tun kann, ist, den Körper, mit dem man geboren wurde, zu verbessern.

Welches sind die gängigen Fehler, die Männer machen, wenn sie versuchen, einen Körper wie Marcus zu bekommen? 1. Sie wissen nicht, wie sie richtig trainieren müssen, und interessieren sich lediglich dafür, wieviel Gewicht sie stemmen können. 2. Sie trainieren nur ihre bevorzugten Körperteile und vernachlässigen den übrigen Körper. 3. Sie kümmern sich nur darum, ihre Muskeln auszubilden, und nicht um ihre eigenen Proportionen. 4. Sie glauben, um muskulös zu werden, müßten sie ungeheuer viel essen, und am Ende werden sie lediglich fett.

Marcus Workout:

Ich beginne mein Workout regelmäßig mit einem Warm-up für den Herzkreislauf von 10 bis 15 Minuten und trainiere an jedem Tag unterschiedliche Muskelgruppen:

Montag: Brust, Bizeps, Trizeps, Bauchmuskulatur

Dienstag: Beine, Bauchmuskulatur

Mittwoch: Schultern, Rücken, Unterarme, Bauchmuskulatur

Donnerstag: Pause

Freitag: Brust, Bizeps, Trizeps, Bauchmuskulatur

Samstag: Beine, Bauchmuskulatur

Sonntag: Schultern, Rücken, Unterarme, Bauchmuskulatur

Make-up
François Nars

Kate Sullivan: François, was hältst du davon, daß Männer Make-up tragen?

François Nars: Es ist ausgesprochen modern und sexy für Männer, Make-up zu tragen. Kosmetik sollte Männer nicht unbedingt weicher aussehen lassen. Im Gegenteil, es ist ein Zeichen von Stärke und zeigt, in welchem Maße ein Mann seine Maskulinität akzeptiert. Nur in unserer heutigen Gesellschaft gelten Männer, die sich schminken, als feminin. Woher kommt dieses Diktat? Jedenfalls ganz bestimmt nicht aus der Geschichte. Von den alten Ägyptern bis hin in die viktorianische Zeit haben Männer immer wieder Make-up im Stil ihrer Epoche getragen. Das gesellschaftliche Tabu des geschminkten Mannes ist erst in den letzten Jahrzehnten entstanden. Kein Make-up für Männer, das ist nur eine der neueren Entwicklungen, jetzt erleben wir noch eine weitere.

KS: Wo sehen wir das heutzutage?

FN: Tom Ford von Gucci hat geschminkte Männer auf den Laufsteg geschickt, und die Wirkung war unglaublich. Es war riskant, aber es hat funktioniert. Die Männer wirkten keineswegs feminin, sondern sexy, selbstsicher und sehr herausfordernd. Das Publikum war begeistert.

KS: Warum hast du dich ausgerechnet von Antonio für Marcus inspirieren lassen?

FN: Ich finde es toll, wie Antonio als Künstler Männer anzieht. Das ist wahnsinnig. Er arbeitet mit einer farbenfrohen Palette, in der die Rots und Blaus förmlich explodieren, und darin spiegelt sich die ganze Stärke des Mannes wider. Ich habe diese künstlerische Ausdrucksweise gewählt, um zu demonstrieren, welche Ausdruckskraft das Make-up Marcus verleiht. So entsteht eine Wirkung von Wildheit, ungebändigter Männlichkeit und Selbstvertrauen. Meiner Meinung nach ist Marcus die perfekte Verkörperung von Antonios Entwürfen. Es ist kein Portrait im eigentlichen Sinne, sondern eines, das die Kunst reflektiert und sich von ihr inspirieren läßt. Ich arbeite gern mit extremen Kontrasten, um eine Wirkung zu erzeugen.

KS: Wie würdest du Marcus mit Make-up sehen?

FN: Marcus' Gesicht ist wie ein Skizzenblock – er kann natürlich sein oder Make-up tragen. Er betreibt das Modelling mit dem Blick eines Künstlers, denn er fühlt, was für ein Bild entsteht, wenn er geschminkt ist, und das spielt er vor der Kamera aus. Deshalb – und auch weil er Veränderungen aufgeschlossen gegenübersteht – ist er definitiv ein Mann, der auch mit Make-up noch immer sehr maskulin wirkt.

83

before

»Der neue Haarschnitt war die Sensation schlechthin, denn dadurch wurde der neugewonnene Status männlicher Models noch betont. An Presseberichte über die kosmetischen Mutationen weiblicher Supermodels – etwa Linda Evangelistas ›Haarfarbe der Woche‹ – hatten wir uns längst gewöhnt, aber von Dennis Rodman mal abgesehen hat niemand mit der Veränderung seiner Frisur mehr Aufsehen erregt als Marcus Schenkenberg. Das ist der legendärste Haarschnitt, seit Bill Clinton den Verkehr in LAX zum Erliegen gebracht hat.« Candace Bushnell,

International Collections for Men, Sommer 1994

after

Aufhellen: Brad Johns retuschiert die Natur

Welche Tips würdest du Männern in puncto Haare geben? Ich meine: 1997! Männer müssen anfangen, sich die Haare zu färben. Jedes Haar sieht langweilig aus, wenn man älter wird. Mit Farbe sieht jeder besser aus. Durch Farbe wird die Natur bereichert. Man sollte allerdings nur mit seiner eigenen Haarfarbe operieren. Es sollte nicht auffällig wirken, sondern aussehen wie ein Kind am Strand oder wie ein Surfer – und es muß *immer* teuer aussehen! Es ist höchste Zeit, einen Schritt nach vorne zu machen. Es ist Zeit, daß die Männer öffentlich bekennen: »Ja, ich färbe mein Haar.« Bis zum Jahr 2000 sollte jeder Mann mit gefärbten Haaren herumlaufen. Das sollte das Ziel des Planeten sein.

Welche Behandlung empfiehlst du mir für meine Haare, Brad? Du hast einen so phantastischen Geschmack, Marcus, und normalerweise weißt du ganz genau, was dir gefällt, deshalb mache ich eigentlich immer das, was du gerne möchtest.

Schon, aber wenn ich heute zu dir käme und würde dir sagen, du kannst machen, was du willst, was würdest du dann tun? Das weiß ich ganz genau. Zuerst würde ich dein ganzes Haar zu einem leichten Braun aufhellen und dann würde ich dir große babyblonde Strähnen hinein machen – direkt über der Stirn. Wenn du wirklich kurze Haare hättest – ich meine, einen richtigen Bürstenschnitt –, würde ich sie ganz sandfarben bleichen, dann würde es wie bei einem Surfer aussehen. Aber wenn ich heute einen bestimmten Stil für deine Haare auszuwählen hätte, würde ich sie dir schulterlang wachsen lassen, so daß sie mitschwingen, wenn du dich bewegst, und dann würde ich sie dir zu einem sandfarbenen Beigeton aufhellen.

Warum aufhellen? Das sandfarbene Beige würde den Glanz zurückbringen, den du als kleines Kind hattest. Als du mit dem Modelling anfingst, hattest du diese langen, dunklen, exotischen Haare, aber ich denke, du soll-test jetzt etwas völlig Neues machen. Schließlich bist du das erste männliche Supermodel. Das wußte ich in dem Augenblick, als du zu mir in den Salon kamst. Alle weiblichen Supermodels färben sich die Haare, und wenn irgend jemand so etwas Gewagtes machen kann, dann bist du es. Du mußt!

11.01.1996

HAARESCHNEIDEN! Um 9.30 aufgestanden. Müde und den Jetlag noch in den Knochen. War mir noch nicht sicher, ob ich sie wirklich kurz haben wollte. Seit dem Beginn meiner Karriere hatte ich lange Haare – das war mein Markenzeichen. Etwas beunruhigt. Trotzdem, brauchte eine Abwechslung und habe länger mit Jason darüber gesprochen. Beschloß, es unmittelbar vor den Shows in Mailand machen zu lassen, so kann mich jeder mit meiner neuen Frisur sehen. Akzeptierte Bruce Webers Vorschlag, mir den Look eines französischen Fremdenlegionärs zuzulegen. Als ich zu Garrens Studio kam, war E. T. gerade beim Filmen! Journalisten und Presse auch da. War nicht richtig in Stimmung. Nachdem Garren sie abgeschnitten hatte, fuhr ich mir mit der Hand über den Rücken, und es war nichts mehr da. Er hat's zu kurz geschnitten. Alle sagten, es sähe phantastisch aus, nur Jason nicht. Er fand's auch zu kurz. Er ist wahrscheinlich der einzige, der mir die Wahrheit sagen würde. Gott sei Dank wächst mein Haar schnell. Nach Hause zum Packen. Butch auf einen Sprung bei mir. Um 3 aus dem Haus. Jason und Sara in der Agentur abgeholt. Jasons neue Wohnung angeschaut. Um 6.00 Abflug nach Madrid.

Gegenüber
MICHAEL TAMMARO
New York, 1996

Seite 88
BRUCE WEBER
San Francisco, 1991

Marcus' Garderobe

Tagsüber/Wochenende:

Hemden: langärmelig, Button-down-Shirts: weiße Baum-
wolle, blutrot, dunkelblau, schwarz, jeans-blau
weißes oder schwarzes T-Shirt

Hosen: Jeans: schwarz, blau und weiß im Sommer
10 Paar schwarze und braune Lederhosen – darunter einige
Designer-Modelle, die meisten aber in Paris gekauft.

Unterwäsche: lange und kurze Unterhosen
Boxershorts für zu Hause

Schuhe: schwarze Survivor boots (Bergstiefel)
schwarze Motorradstiefel

Jacken: kurze schwarze Lederjacke
Winter: Parka: schwarz, blau und rot

Accessoires: Armbanduhren: Rolex oder Rateau
breiter Ledergürtel
Lederhalsband mit einem Stein, den ich während der
Aufnahmen für die Calvin Klein-Kampagne in San Francisco
erstanden habe. Ein Pendant dazu habe ich für Maureen
gekauft.
Armband von der Donna Karan-Show
Ohrring – kleiner silberner Ring

Abends:

Ich habe 7 Designer-Anzüge, alle dunkel, ich bevorzuge den
schwarzen Gangsterstil à la »Reservoir Dogs«.

Offizielle Abendanlässe:

Smoking natürlich.

89

2

7

von kopf bis fuß:

**(1) Größe:
189 cm
(2) Gewicht:
170 Pfund
(3) Augen:
braun
(4) Haare:
braun
(5) Hemden:
Größe 42
(6) Anzüge:
106 lang
(7) Schuhe:
10 ½**

STEVEN MEISEL
New York, 1992

The Payoff

five

93

95

Ruhm, Schönheit, Glamour und Frauen – schön und gut. Aber warum ich den Job wirklich mache? Es ist sehr leicht verdientes Geld.

Ich habe nicht viele Ausgaben, ich habe kein Haus, kein Tier, kein Auto, keine Kunst oder irgend etwas von den Dingen, für die die Leute ihr Geld rausschmeißen. Ich bin nie an einem einzigen Ort, deshalb könnte ich im Augenblick auch gar nicht davon profitieren. Durch meinen Job komme ich in der ganzen Welt herum, und die paar Designer-Klamotten, die ich besitze, habe ich geschenkt bekommen. Ich habe so viele reiche Leute erlebt, die alles wieder verloren haben, weil sie nicht clever genug waren. Deshalb lege ich meine ganzen Ersparnisse an. In der Schule habe ich etwas von Wirt-

schaft mitbekommen, und meine Familie gibt mir gute Ratschläge, deshalb weiß ich, wie man mit Geld umgeht. Das höchstbezahlte männliche Model zu sein heißt für mich, daß ich später finanzielle Sicherheit habe. Mein nächstes Ziel sind ein paar geschäftliche Beteiligungen. Vor kurzem habe ich mir meine eigene Wohnung in New York gekauft. Da laß ich niemanden rein, aber ich werde Ihnen verraten, was meine Lieblingssachen in dieser Wohnung sind:

• Wecker mit Voice control: Den kann ich am Morgen mit Obszönitäten beschimpfen, und er hört sie auch.

• 5 Armbanduhren: Meine Lieblings-modelle sind eine goldene Rolex und eine flache schwarze Rado.
• Stereoanlage mit Riesenboxen: sehr teuer, sehr laut.
• Fernseher mit Big screen
• 3 Videorecorder: 2 VHS und 1 europäisches Multisystem
• 3 Videospiele: Sega Saturn mit Light Gun, Neintindo 64, Sony Playstation
• Laptop TI 560 CD
• 2 Mountain Bikes: Vectra und Iron Horse – toll, um zur Sheep's Meadow im Central Park zu fahren.
• Vollautomatische Pocket-Kamera: Zur Abwechslung bin ich mal der Photograph.

Seiten 94–96
KARL LAGERFELD
Paris, 1995

idolatry and fame

»Du brauchst ihn nur ar
Gesicht, seine

schauen. Er ist phantastisch. Sein Körper, sein
nstellung – alles ist phantastisch.« Francesco Scavullo

Diese Seiten:
RICHARD AVEDON
für Gianni Versace
Marcus mit Krawatten
New York, 1993

RICHARD AVEDON
für Gianni Versace
Marcus
mit Stephanie Seymour
New York, 1993

Seiten 98 – 99
von links nach rechts
TYEN
Paris, 1990

CONRAD GODLY
New York, 1995

Seiten 100 – 101
CONRAD GODLY
New York, 1995

JÖRG REICHARDT
New York, 1993
Jockey
Volma Wirkwaren GmbH

CARLO BOSCO
Schweden, 1994

»Marcus Schenkenberg sieht so phantastisch aus, daß es, ehrlich gesagt, schon fast eine Zumutung ist. Er ist wie ein Traum-Mann aus einem Comic, gezeichnet von einer begabten Zehnjährigen, die sich vorstellt, Prinzen reiten auf weißen Pferden und leben in pinkfarbenen Zuckerbäcker-Schlössern im Himmel … Und dann setzt er sich neben dich mit seinem nackten Oberkörper, und du denkst:

seine Brust ist einladend wie ein Zweisitzer! Du verkneifst es dir, ihn hemmungslos anzustarren, und fängst statt dessen an, blöde Witze über seine grauenhaften Cowboy-Stiefel aus imitierter Schlangenhaut zu machen, während du verstohlen zu ihm hinschielst, als wäre er ein Exot aus einer anderen Welt. Aber genau das ist er ja auch.«

Sylvia Patterson, *Clothes Show*, Juli 1995

04.23.1993

Letzter Tag der Versace-Aufnahmen mit Richard Avedon und Stephanie Seymour. Mein ganzer Körper tut weh vom Springen und all den verrückten Sachen, die ich auf dem Betonfußboden machen mußte. Fühlte mich sehr unbehaglich in den ersten zwei Tagen, da ich splitternackt war und eine riesige Menge im Studio anwesend. 15 Leute – Assistenten, Choreographen, die ganze Versace-Crew. Am ersten Tag versuchte ich mich in den Aufnahmepausen hinter Stephanie zu verstecken, weil sie angezogen war. Stephanie hat sich gerade von Axel Rose getrennt und war mit ihrem Freund Peter da. In meiner Anfangszeit als Model war ich einmal ziemlich scharf auf sie. Sie war sehr nett, sehr sexy und süß. Wir haben wirklich gut zusammengearbeitet und wußten genau, was wir in den Aufnahmen bringen wollten, deshalb waren wir auch nicht auf die Choreographen und einen Teil der Crew angewiesen. Wir choreographierten die Posen selbst und brachten uns gegenseitig richtig in Schwung. Avedon war phantastisch: so was von energiegeladen, ich konnte es kaum glauben. Er rannte immer durchs ganze Studio. Für Stephanie und mich sind dies die Photos, auf die wir uns am meisten einbilden. Vom Studio direkt zum JFK gefahren, wo ich mit Angie Everheart verabredet war. Nachts zusammen nach London geflogen, von dort weiter nach Afrika zu einem einwöchigen *Esquire*-Shooting mit Peter Beard.

04.25.1993

Peter holte uns gestern am Airport in Nairobi ab. Habe Peter durch Maureen kennengelernt – sie hatte vor Jahren ein Verhältnis mit ihm, und beim letzten *Esquire*-Shooting haben wir schon zusammengearbeitet. Peter ist nett, aber ein Verrückter. Er benutzt Wörter, die man nicht versteht, und ich weiß nie, worüber er eigentlich spricht. Woody von *Esquire* gab mir den dringenden Rat, auf der Reise vorsichtig zu sein. Angeblich kann Peter nicht immer alles unbedingt richtig einschätzen, und letztes Jahr soll ein Typ, den er in Afrika photographierte, von einem Krokodil gefressen worden sein! Ich weiß, daß Peter verrückt ist, aber trotzdem bin ich nervös. Nahm mir einen Wagen, um zu seiner Ranch, Hog Ranch, hinauszufahren. Sehr merkwürdiger Ort, aber aufregend. Absolut surreal, wenn man vorher fünf Tage in einem Betonstudio eingesperrt war. Heute abend, beim Essen am Lagerfeuer, kamen Giraffen an. Peter machte ein paar Schnappschüsse, während ich sie aus der Hand fütterte. Hab hier unheimlich viel exotische Tiere gesehen: Löwen, Zebras, Elefanten. Wie gut, daß ich meine Videokamera dabeihabe! Wir schlafen in Zelten – nachts wird's hier wirklich stockdunkel.

04.30.1993

Heute mit ein paar Einheimischen, die Peter kannte, zum Lake Rudolph rausgefahren. Beim Shooting trat Peter in einen Nagel, hat aber überhaupt nichts dagegen unternommen und ist den ganzen Tag über mit einem Loch im Fuß herumgelaufen. Angie ist etwas abwesend und merkwürdig. Ist wohl durcheinander wegen der Trennung von ihrem Freund. Das abgefüllte Wasser ging uns aus, deshalb mußten wir aus einer Quelle trinken. Peter sagte, es wäre das sauberste Wasser in der ganzen Welt. Er trinkt das Wasser von hier und ißt auch die ganzen einheimischen Sachen. Nach dem Shooting begannen die Einheimischen mit einem rituellen Tanz, und Peter ließ sie um Angie und mich herumtanzen. Wir tanzten mit ihnen, und das war absolut frei und wild.

05.01.1993

Um 7 aufgestanden. Nach London geflogen. Nacht im Heathrow Hilton verbracht. Angie beklagte sich über leichte Übelkeit. Als ich in mein Zimmer kam, ging's bei mir ebenfalls los. Bin die ganze Nacht über auf die Toilette gerannt. Vermute, Peter hat sich mit dem Quellwasser doch etwas getäuscht.

The superbly athletic Marcus Schenkenberg (right) was born Tad Wire, but he took the name Schenkenberg when he decided "to go the Schwarzenegger route."

PETER BEARD
Miami, 1992
Esquire Gentleman

Wire, cavorting along Miami's Guido Strip with one of his paramours *variées*, the sensational Velocity Quim (Maureen Gallagher). "Some people jog this trail," says Wire. "We like to sprint full-out." Left, his black stretch trunks by Gottex Men; her keyhole-neckline swimsuit by Gottex. Right, his trunks by Jantzen; her sheer one-piece suit by Keiko.

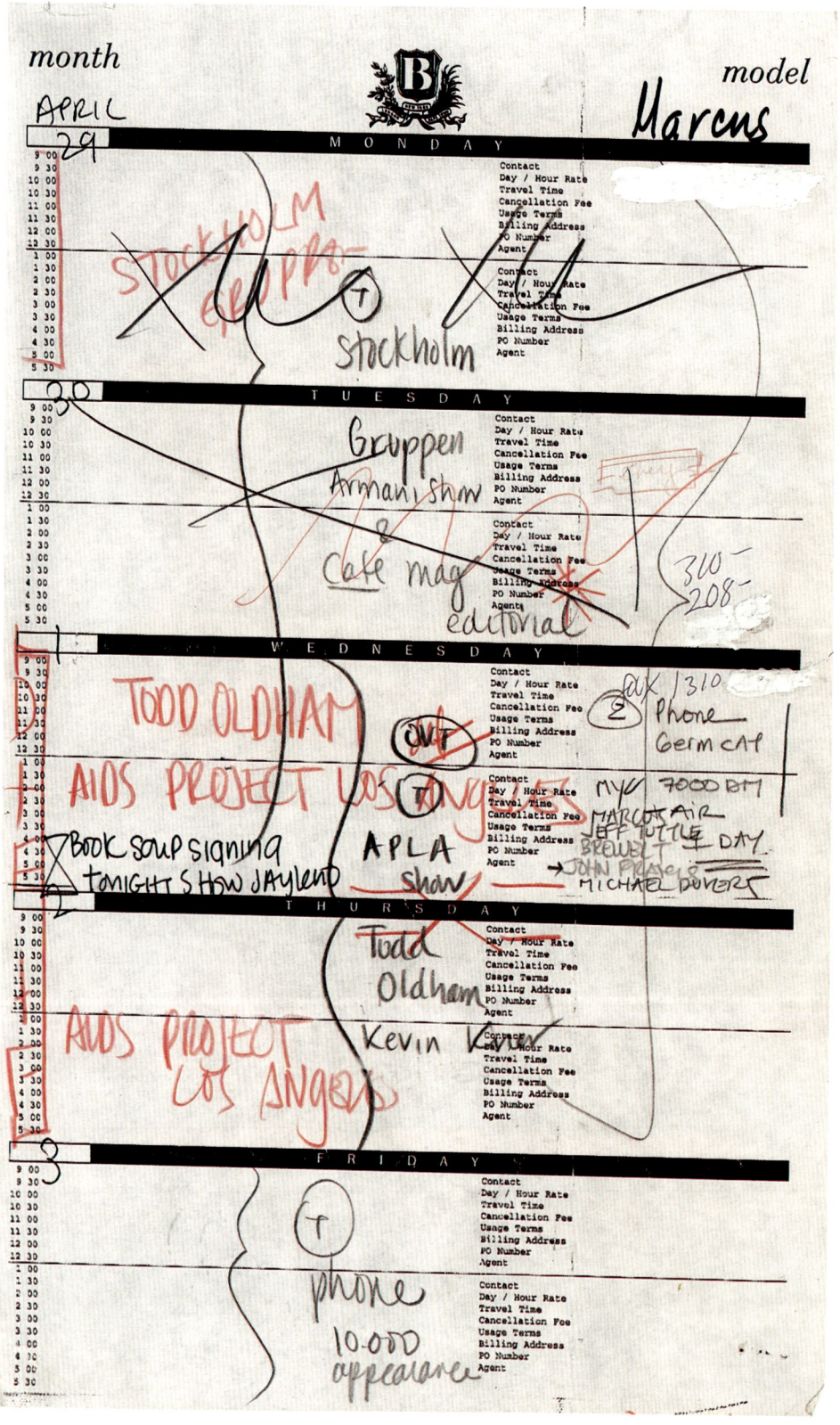

month

APRIL
29

model

Marcus

MONDAY

9 00
9 30
10 00
10 30
11 00
11 30
12 00
12 30
1 00
1 30
2 00
3 00
3 30
4 00
4 30
5 00
5 30

STOCKHOLM GRUPPE

stockholm

Contact
Day / Hour Rate
Travel Time
Cancellation Fee
Usage Terms
Billing Address
PO Number
Agent

Contact
Day / Hour Rate
Travel Time
Cancellation Fee
Usage Terms
Billing Address
PO Number
Agent

TUESDAY

9 00
9 30
10 00
10 30
11 00
11 30
12 00
12 30
1 00
1 30
2 00
3 00
4 00
4 30
5 00
5 30

Gruppen

Armani show

Cafe mag

editorial

Contact
Day / Hour Rate
Travel Time
Cancellation Fee
Usage Terms
Billing Address
PO Number
Agent

Contact
Day / Hour Rate
Travel Time
Cancellation Fee
Usage Terms
Billing Address
PO Number
Agent

310-
208-

WEDNESDAY

9 00
9 30
10 00
10 30
11 00
11 30
12 00
12 30
1 00
1 30
2 00
3 00
3 30
4 00
4 30
5 00
5 30

TODD OLDHAM

AIDS PROJECT LOS ANGELES

Book soup signing

tonight show JAY LENO

OUT

APLA
show

Contact
Day / Hour Rate
Travel Time
Cancellation Fee
Usage Terms
Billing Address
PO Number
Agent

Contact
Day / Hour Rate
Travel Time
Cancellation Fee
Usage Terms
Billing Address
PO Number
Agent

AUK / 310
Phone
Germ CAP

MYU 7000 DM
MARCO AIR
JEFF TUTTLE 1 DAY
BREWELT
JOHN FRANCIS
MICHAEL DUVERS

THURSDAY

9 00
9 30
10 00
10 30
11 00
11 30
12 00
12 30
1 30
2 00
2 30
3 00
3 30
4 00
4 30
5 00
5 30

Todd
Oldham

AIDS PROJECT
LOS ANGELS

Kevin

Contact
Day / Hour Rate
Travel Time
Cancellation Fee
Usage Terms
Billing Address
PO Number
Agent

Contact
Day / Hour Rate
Travel Time
Cancellation Fee
Usage Terms
Billing Address
PO Number
Agent

FRIDAY

9 00
9 30
10 00
10 30
11 00
11 30
12 00
12 30
1 30
1 00
2 30
3 30
3 00
4 30
4 00
5 00
5 30

phone

10.000
appearance

Contact
Day / Hour Rate
Travel Time
Cancellation Fee
Usage Terms
Billing Address
PO Number
Agent

Contact
Day / Hour Rate
Travel Time
Cancellation Fee
Usage Terms
Billing Address
PO Number
Agent

12.18.1993

Gegen Mittag aufgestanden, immer noch Tokyo-Zeit. Zur Arbeit in Industria gefahren. Shooting mit Michel Comte und Linda Evangelista. Wir waren alle guter Laune und haben viel gelacht, die Aufnahmen gingen schnell und haben Spaß gemacht. Michel hat ein paar Schnappschüsse gemacht, während ich Linda huckepack trug. Kein schlechter Arbeitstag heute.

12.20.1993

Mittags in London gelandet. Brad holte mich ab. Signierstunde für meinen Kalender in einer Buchhandlung. Hauptsächlich Teeny-Mädchen, aber auch ein paar ältere Männer und Frauen. Zwei Interviews und anschließend Phototermin für *Look*. War hundemüde, versuchte trotzdem, positiv zu sein und meine ganze Energie reinzustecken. Der Photograph war verständnisvoll und hat mich nicht zu sehr getriezt, und die Bilder sind ganz toll geworden. Mit meinen Freundinnen aus Schweden, Rebecca und Pia, zum Dinner gewesen.

03.08.1994

Paris. Calta rief um 8 an, um mich zu wecken. Um 9 im Studio. Die Leute machten einen netten und natürlichen Eindruck – sie brauchten nur ein Photo. Und dann ging's den ganzen verdammten Tag lang! Die haben mich verrückt gemacht, und ich war sauer. Um 3 kam ein anderes Model, Matt, für Beinaufnahmen. Erst um 5 zu Hause. Direkt ins Bett gegangen.

05.11.1994

Aufgestanden – verkatert. Lebensmittel eingekauft, zum Fitness-Studio. Mark getroffen. Nach Hause, um mich umzuziehen. Valentino hat die Sachen für mich ausgesucht, die ich bei seiner Geburtstagsparty tragen soll. Angie Harmon in Limousine abgeholt und zu Valentinos Wohnung gefahren. War vorher schon mal bei ihm – sehr schön. Seine Partys sind immer die elegantesten – und wahrscheinlich auch die steifsten. Als wir ankamen, war tatsächlich alles sehr steif. Dinner mit etwa zwanzig Kellnern. Traf Sharon Stone am Buffet. Sie sagte: »Das Essen sieht wirklich toll aus.« Fand ich auch. Was hätte ich sonst sagen sollen? Nach dem Dinner und fünf Gläsern Champagner wurde alles etwas lockerer. Wurde Elle McPherson und ihrem Mann vorgestellt und mit Valentino zum Lunch bei ihnen eingeladen. Spät nach Hause gekommen – schlaff.

03.25.1996

Um 7.30 aufgestanden. Beim Frühstück Interview fürs *American Journal* mit Matt & David. Larry King aß auch dort und kam zu uns rüber. Zurück zum Hotel. Zu einer weiteren Probe für die Academy Awards gefahren. Eingangszeremonie geprobt. Danach umgezogen. Eröffnungsnummer gemacht! Vierzehn Models auf dem Laufsteg, um die Filmkostüme vorzuführen und anschließend die prämierten Kostüme zu präsentieren – ich im Gewand von Richard III. Schnell die Smokings angezogen, kurze Verschnaufpause und dann mit Jason und Patricia den Rest angeschaut – phantastisch! Wir hatten Sitze in der fünften Reihe, direkt vor Tom Cruise. Aber Rosemarie fehlt mir wirklich. Hätte diesen Augenblick so gern mit ihr zusammen erlebt! Danach zum Governor's Ball, zu Abend gegessen, getrunken. Nachts um halb eins zu Hause gewesen. TV. Rose in Paris angerufen. Geschlafen.

A Model Life

Marcus auf dem Laufsteg
Kevin Krier

Jason Kanner: Marcus, kriegst du auf dem Laufsteg überhaupt noch Lampenfieber?

Marcus: Nein. Das ist, als ob ich die Straße runterlaufe, wie auf der Fifth Avenue.

Kevin: Das ist eine der Anweisungen, die ich den Models normalerweise gebe: Wir haben dich schon einmal gebucht, wir wissen also, wie du gehst. In dem Augenblick, wo du versuchst, die Models dazu zu bringen, auf eine Art zu gehen, die nicht natürlich für sie ist, werden sie verkrampft und wirken *unbeholfen* statt *selbstbewußt*. Aber, Marcus, ich kann mich an eine Gelegenheit erinnern, wo du möglicherweise nervös warst: die APLA Benefit-Show letztes Jahr für Todd Oldham, als das Publikum total ausrastete. So was hatte ich noch nie erlebt. Vom ersten Augenblick an, als Naomi auf den Laufsteg kam, fing das Publikum an zu toben, zu applaudieren und zu pfeifen. Das ging so weit, daß ich anfing, mir ernsthaft Sorgen um die Models zu machen. Man muß sich das mal vorstellen: Da hatten wir dieses Gala-Publikum, das 25 000 $ für den Tisch hingeblättert hatte, und die führten sich auf, als wären sie bei einem Football-Match. Jeder neue Model-Auftritt wurde wie ein Tor gefeiert. Als dann die Männer dran waren, kam Marcus als erster nach draußen. Man hätte meinen können, er wäre nackt! Ich machte ihm Zeichen von vorne, ich hatte wirklich Angst um ihn. Aber Marcus gab nur sein kleines – inneres – Lächeln von sich, um mir anzudeuten: »Ich bin hier«, aber ich dachte nur: »Mein Gott, geh einfach, geh, geh, geh, geh!«

Marcus: Das war wirklich irre. Aber eine Show macht einfach viel mehr Spaß, wenn das Publikum so richtig mitgeht.

Kevin: Das war etwas viel für mich, aber spontaner Applaus ist wirklich phantastisch, wenn man das mal erlebt. Leider kommt das viel zu selten vor, normalerweise gibt es ja nur dieses höfliche Klatschen. Aber das einzige Mal, wo ich wirklich Angst hatte, das war bei dieser Show. Ich war so in Sorge um die Models. Ich dachte, das Publikum würde den Laufsteg stürmen. Es war, als ob die meinten, sie könnten mit den Models schlafen, nur weil sie für den Tisch bezahlt hatten. Die Models so zu belästigen – so was kann man einfach nicht machen.

Marcus, erinnerst du dich an die erste Show, die wir zusammen gemacht haben? Das war diese gigantische internationale Show für den *Esquire*. Deine Calvin Klein-Kampagne war gerade in *Vanity Fair* rausgekommen. Ich weiß noch, daß ich die sah und mich fragte: »Wer ist dieser Typ? Den muß

ich unbedingt sehen – und zwar sofort!«
Marcus: Ja, das war eine tolle Show. Aber findest du es nicht auch erstaunlich, wieviel größer heute die Männer-Shows sind?

Kevin: Allerdings. Wenn die Leute an *Mode* denken, stellen sie sich eigentlich immer Frauen- und nicht Männermode vor. Ich glaube, da ändert sich etwas. Die Designer nehmen die Männermode heute ernster, und die ganze Branche hat wirklich expandiert. Heute gibt es – wie für die Frauen – Männersaisons in allen wichtigen Modezentren: Mailand, Paris, New York, London, Tokyo. Das hat seine Auswirkungen gehabt, in der Branche genauso wie außerhalb: In einer Show können wir unseren Blick auf die Kleidung neu überdenken, denn so, wie wir sie auf dem Laufsteg sehen, macht es unseren Blick auf die Mode überhaupt klarer und schärfer. Heute ist auch etwa zehnmal soviel Presse dabei

wie früher. Dafür gibt es bestimmt eine Menge Gründe. Nachdem die Designer heute so starke Kollektionen vorführen, ist natürlich auch das Medienecho entsprechend groß – übrigens auch, weil in den Shows jetzt immer Superstars aufgeboten werden. Wir haben heute männliche Models, die genauso führend in der Branche sind wie Frauen.

Jason: Was gehört eigentlich alles dazu, um eine Show zu produzieren?

Kevin: Ich habe eine Doppelrolle dabei: Im Theater wäre das die Rolle des Producers und die des Regisseurs. Als Producer bringe ich die finanziellen Mittel für die Show zusammen und setze sie bis zu einem gewissen Grade kreativ ein; als Regisseur sorge ich dafür, wie es auf der Bühne umgesetzt wird. Ich habe eine PR-Firma, die auf Fashion-Shows und Event-Productions spezialisiert ist, und wir produzieren pro Jahr etwa 50 Fashion-Shows. Meine

115

»Jedem, der Sport treibt oder tanzt oder sonst irgend etwas mit dem Körper macht, ist klar, daß er wahrscheinlich besser aussieht, wenn er gerade steht, als wenn er einen Buckel macht.«

spezielle Funktion dabei ist, mich mit den Designern abzusprechen, was sie in dieser Saison machen werden, ein Konzept für die Kollektion zu entwickeln und dann zu überlegen, wie sich das am besten umsetzen läßt. Ich arbeite immer Hand in Hand mit dem Designer. Deshalb sage ich, ich agiere wie ein Theaterregisseur. Der Designer übernimmt dabei die Rolle des Autors. Er hat den Text geliefert, und jetzt ist es mein Job, diesen Text – in unserem Fall die Kleider – bestmöglich auf die Bühne zu bringen. Wir planen und erarbeiten alle Elemente der Produktion, vom Bühnenaufbau über die Auswahl der Musik und die Lichtregie bis hin zur Plazierung der Zuschauer. Wir arbeiten auch an der Inszenierung selbst: die Musikauswahl, das Casting der Models, die Organisation der Backstage – die Dresser, das Bügeln und Dämpfen der Kleider, die Änderungen, der Zeitplan für die Anproben, alles.

Jason: Gibst du auch den Models Regieanweisungen?

Kevin: Ja, ich erkläre ihnen den Ablauf, und wir haben eine Probe.

Jason: Wie werden die Models auf ihren Auftritt vorbereitet?

Kevin: Ich gehe alles mit ihnen durch und sage ihnen zum Beispiel: »Ihr müßt vier Schritte hinter diesen drei Typen hergehen, an dieser Stelle müßt ihr langsamer werden, und so entsteht dann ein Bogen …« Dann arbeite ich mit jedem einzelnen und sage ihm: »Denk dran, die andern sind drei Meter hinter dir, und sie dürfen nicht zu dir aufschließen.« Normalerweise haben wir auch noch ein Meeting unmittelbar vor der Show. Wenn die Typen ihr erstes Outfit anhaben, sprechen wir noch einmal über ihre Stimmung und turnen sie richtig an für die Show. Wenn die Show dann läuft, bin ich oben in meiner Kabine und gebe die Einsätze: fürs Licht, für den Umbau der Kulissen und auch für meinen Mitarbeiter James, der der unmittelbare Stichwortgeber für die Models auf der Bühne ist. Ich sage etwa: »James, sag Marcus, er soll jetzt rausgehen. James, sag Marcus, er soll lächeln.«

Jason: Was machst du mit einem, der nicht gehen oder aufrecht stehen kann?

Kevin: Mit dem muß man arbeiten. Jedem, der Sport treibt oder tanzt oder sonst irgend etwas mit dem Körper macht, ist klar, daß er wahrscheinlich besser aussieht, wenn er gerade steht, als wenn er einen Buckel macht – und in dem Augenblick, wo er auf die Bühne kommt, wird er wahrscheinlich gerade stehen.

Jason: Aber es ist doch ein Unterschied, ob jemand verkrampft oder entspannt gerade steht.

Kevin: Man muß es einfach machen. Es dauert eine Weile. Wenn ein Model gelernt hat, wie man gehen muß, hat man ihm höchstwahrscheinlich das Falsche beigebracht. Es gibt keine Schule für Models. Mit den Neuen probe ich Vor- und Zurückgehen, fünfzigmal, bis sie's geschnallt haben. Oder wenn ich weiß, daß sie's nicht bringen, buche ich sie erst gar nicht. Es kann nämlich nicht jeder gehen.

Marcus: Die Models selbst arbeiten auch immer mit den Neuen. Ich weiß noch, bei meinem ersten Job hatte ich keine Ahnung, was ich eigentlich machen sollte. Am Abend vor der Show bat ich dann diesen Typen, der schon eine ganze Zeit dabei war, mir zu zeigen, wie man richtig geht. Wir übten das einfach in der Hotel-Lobby, vorwärts und zurück, immer und immer wieder. Aber du, Kevin, hast richtig mit mir gearbeitet und mir gezeigt, wie man's macht. Niemand kann so gut gehen wie du.

Jason: Ja, sag doch mal, wie probst du mit Marcus?

Kevin: Mit ihm brauche ich wahrscheinlich nur spezifische Dinge für die jeweilige Show zu proben. Normalerweise muß er sich ja nur an bestimmte Vorgaben halten und eine Stimmung rüberbringen. Es gibt Shows, bei denen ist ein strengeres Auftreten gefordert – eher introvertiert und ohne direkte Kommunikation mit dem Publikum. Ein andermal machen wir eine viel ausgelassenere Show, bei der die Models Spaß oder Selbstvertrauen vermitteln sollen.

Jason: Wählst du deine Models eigentlich nach der Stimmung aus, die sie rüberbringen sollen?

Kevin: Ganz klar.

Jason: Was wäre die ideale Rolle für Marcus?

Kevin: Marcus ist ein Chamäleon, er kann viele Stimmungen rüberbringen. Manchmal wollen wir, daß Marcus den starken, gutaussehenden, offensiven und selbstbewußten Mann verkörpert. Ein andermal spielen wir damit, daß Marcus so verdammt sexy ist. Das heißt die Kleidung, die er trägt, seine Art zu gehen – sein Schritt: Alles spiegelt sich darin wider. Das Tolle an Marcus ist, daß er nie übertreibt. Wenn er draußen ist, arbeitet er nie mit Tricks, mit Änderungen oder irgendwelchen Dingen, die dem Publikum signalisieren sollen »Seht mal her, wie sexy ich bin«. Er ist einfach sexy, und das kommt auch so rüber, da braucht er gar nichts weiter zu tun. Das ist sein Selbstvertrauen: Er weiß instinktiv, er kann rausgehen, und sein Auftritt stimmt. Er weiß aber auch, wenn er einen Zweireiher mit sechs Knöpfen von Saville Row trägt, dazu ein großes altes Einstecktuch und auffällige Schuhe, dann setzt das natürlich eine bestimmte Haltung und einen gewissen Gang voraus. Und wenn er in einem G-String auf den Laufsteg kommt, wird sein Gang vermutlich wieder etwas anders sein: Er würde sich beispielsweise nicht unbedingt die Scham mit der Hand bedecken.

Manchmal muß man selbst noch mit den erfahrensten Models arbeiten, und deshalb ist das Casting ja auch so wichtig. Aber im Laufe der Zeit zieht man sich seine Talente heran, und normalerweise weiß ich ganz genau, was ich von denen erwarten kann. Wenn's ein Marcus ist, weiß ich, was ich habe – der kann vieles darstellen. Außerdem ist er groß. Ich arbeite mit vielen Designern – Hugo Boss zum Beispiel –, die ein Model in Marcus' Größe haben, und die entwerfen ihre Kleider nur für Marcus.

Jason: Es ist unglaublich, daß unter diesem Druck und in einem solchen Chaos die Shows für das Publikum normalerweise reibungslos über die Bühne gehen. Ich glaube, du hast nie was verpatzt, Marcus, oder?

Marcus: *Ich?* Nee, nie.

Kevin: Ich kann mich nur an ein Mal erinnern, aber das war nicht deine

Schuld. Das Hemd war auf dem Rücken geknöpft. So was kommt ja nicht häufig vor. Es war ein sehr schneller Wechsel, und der Dresser zog ihm das Hemd verkehrt rum an. Es war eine der Shows,

wo der Designer die ganze Zeit kommentierte und die neue Kollektion erklärte. Und als Marcus rauskam, sagte er: »Mein Gott, Marcus, du hast das Hemd ja falsch rum an!« Wenn er nichts gesagt hätte, wär's niemandem aufgefallen.

Marcus: Ja, und dann war noch das eine Mal in Mailand, da hatte ich diese enge Veloursslederhose von Vivienne Westwood zu tragen mit jeder Menge Schnüre dran zum Festbinden. Die fingen an, mich anzukleiden, und ich sagte ihnen: »Das stimmt doch nicht – die sitzt doch falsch rum.« Und alle vier Leute, die mich anzogen, sagten: »Nein, nein, nein, das ist schon richtig so.« Und als ich sie schließlich anhatte, merkten sie, daß ich recht hatte, denn die Öffnung saß genau hinten im Schritt. Ich war kurz vorm Ausflippen. Das ließ sich auch nicht mehr ändern, weil die Zeit nicht reichte, und deshalb mußte ich so nach draußen gehen. Das einzige, was ich denken konnte, war, mir den Po zuzuhalten.

Kevin: Das war Gott sei Dank nicht *meine* Show!

117

Als ich mit dem Modelling anfing, wußte ich von Marcus nur, daß er das berühmteste männliche Model der Welt war. Ein Mann, den ich unglaublich idealisierte. Heute bin ich in der glücklichen Situation, daß ich Marcus als einen guten Freund bezeichnen kann. Es gibt nichts, worauf ich mich mehr freue, als abends mit Marcus auszugehen (egal, in welcher Stadt auf der Welt). Er ist locker und umgänglich und hat einen unglaublichen Sinn für Humor. Marcus ist ein wahrer Meister im Witzeerzählen, und wenn er seine Palette abspult, tut mir hinterher immer alles weh vor lauter Lachen (vielleicht kommt das aber auch vom Big Mac und der Coke). Durch Marcus ist mir dieser Beruf sehr viel leichter geworden, und auch wenn er das größte Supermodel in der Welt sein mag – für mich ist Marcus an erster Stelle der größte Freund! ... Joel West

JUDSON BAKER
New York, 1996
PETA campaign

119

Links
LASPATA/DECARO
New York, 1996
KENAR

Unten
MICHAEL TAMMARO
New York, 1996

Supermodels unter sich

»Im Laufe des Sittings wurde Jesse (das Schimpansenweibchen) immer eifersüchtiger auf Linda. Ständig ging sie Marcus an, um ihm einen Kuß zu rauben, womit sie eindeutig klarstellte, daß sie ihn für sich gepachtet hatte. Es machte ihr sichtlich Vergnügen. Bei jedem Kuß kräuselten sich ihre Zehen.« Rocco LaSpata und Charles DeCaro

»Er ist wirklich ganz normal. Ein liebenswerter Mensch, der sich von diesem Business überhaupt nicht beeinflussen läßt, obwohl er doch das erfolgreichste männliche Model aller Zeiten ist. Es macht auch unheimlich viel Spaß, mit ihm zusammenzusein.«

Toneya Bird

»Marcus kann einschüchternd wirken, aber wenn man näher mit ihm zu tun hat, merkt man, daß er ein ganz süßer Kerl ist. Er hat ein goldiges Herz, und in Wirklichkeit ist er ein großer Teddybär.«
Naomi Campbell

»Während der Versace-Kampagne war Marcus unglaublich kreativ, professionell und einsatzfreudig. Ohne ihn hätte ich das nie geschafft ... Und ich brauchte nie durch die Linse zu schauen!«
Stephanie Seymour

»Marcus ist einfach supergeil!«
Isamar Gonzalez

FRANCESCO SCAVULLO
Marcus & Cindy Crawford
Courtesy of Hearst
Corporation

Links, von oben nach unten
MARCUS, KATE, & NAOMI
New York / Schweden, 1997

MARCUS & STEPHANIE
New York, 1993

ISAMAR
New York, 1997

Von links nach rechts und oben nach unten: Mell Flagner, London; Stephanie Seymour, New York; David, Rome; Rome; Shalom Harlow, 1995 CFDA Awards; Rosemarie es Perücke, Paris; 1996 Academy Awards; Veronica Webb, 1996 APLA; Toneya Bird & Corey Reed (Patrick McMullan); Cameron & Claude Montana; Elizabeth Berkley, 1996 APLA; Maureen Gallagher, Halloween; Southampton Model Olympics (Patrick McMullan); Julia Ortiz & Liv Tyler; *Interview* magazine shoot; zu Hause, New York; Maureen Gallagher (Patrick McMullan); C23 show (Patrick McMullan); zu Hause mit Örjan Jonsson, Stockholm; Donald & Goofy, Euro Disney, Paris; Structure Show (Patrick McMullan); Gary und Models, Southampton Model Olympics (Patrick McMullan); Rosemarie & Simone, VH1 Awards; Kate Moss.

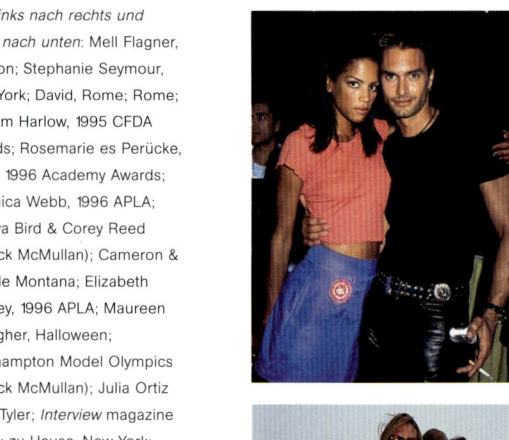

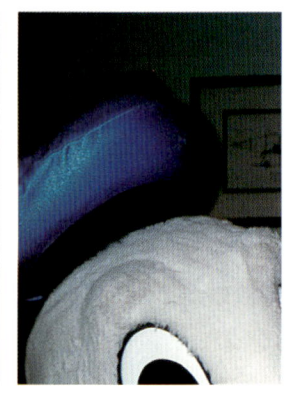

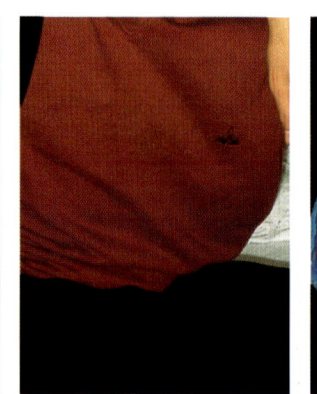
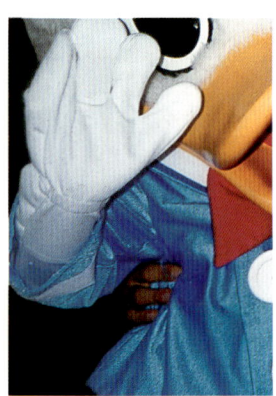

Wer sich während der Fashion Week am Times Square die Kleider vom Leibe reißt, um damit gegen die Pelz-industrie zu protestieren, der traut sich was. Marcus sieht nicht nur phantastisch aus, er hat auch ein goldenes Herz.

Dan Mathews, PETA [People for the Ethical Treatment of Animals]

JUDSON BAKER
New York, 1996
PETA campaign

Unkompliziert:
Catherine Hardenborg

Unten rechts (Ex-Freundin Nr. 2)
Wir haben uns 1992 in Israel bei einem Job kennengelernt.
Er war ganz anders als alle männlichen Models, die ich
bis dahin getroffen hatte. Seine Art, mit dem Erfolg umzu-
gehen, hatte etwas völlig Selbstverständliches, gar nichts Arro-
gantes. Er ist ganz normal und unkompliziert, immer er selbst und
ohne jegliche Starallüren, wie man sie bei jemandem mit seinem
Erfolg vielleicht erwarten könnte. Er ist immer derselbe liebe Junge,
ob in der Öffentlichkeit oder zu Hause. Wenn er nicht arbeitet,
schläft er sich gerne mal richtig aus und geht regelmäßig ins
Fitness-Studio, um sich in Form zu halten. Mit dem Essen
ist er überhaupt nicht schwierig – er ißt so ziemlich alles,
was ihm vor die Nase kommt. Wenn mehr Leute in der
Branche so unkompliziert wären wie er, wäre das Arbeits-
klima sehr viel angenehmer.
Love, Cat

**Kompliziert:
Maureen
Gallagher**

Rechts, außen links
(Ex-Freundin Nr. 1)
Kein Kommentar.

**Einfach:
Rosemarie Wetzel**

Gegenüber, oben rechts
(Ex-Freundin Nr. 3)
Marcus ist einfach das
Supermodel: in schöner
Mann, ein schöner Körper,
Gesicht, Augen, sogar
seine Füße. Mit seinen
Bewegungen und seinen
Bildern erregt er ein-
fach überall Aufsehen.
Aber hinter all dem ver-
birgt sich etwas noch
viel Schöneres!
Rosemarie

files

Eleganz à la Valentino: **Marcus ist der Inbegriff des männlichen Models, deshalb ist es auch nicht schwierig, ihn einzukleiden. Den bestangezogenen Mann sehe ich in einem vierknöpfigen, einreihigen schokoladenbraunen Smoking aus Mohairseide mit Satinrevers, dazu eine weiße Hemdbrust aus Piqué mit Umlegekragen, silbernen Smokingknöpfchen und Manschettenknöpfen.**

130

PATRICK McMULLAN
New York, 1995
CFDA Awards

New Rules, New Era

seven

133

Seiten 134–137
RANDALL MESDON
New York, 1997

Blick in die Zukunft
Jim Moore Fashion Director, *GQ*

Endlich geht die Männermode neue Wege. Männer achten heute mehr auf sich selbst, sie finden Gefallen daran, und deshalb blühen sie auf. Dieses neue Selbstbewußtsein führt wiederum dazu, daß die eigenen Ausdrucksmöglichkeiten und der persönliche Stil zunehmend als etwas Faszinierendes empfunden werden. Die Modebranche hat dieses Signal aufgenommen und reagiert mit Verve darauf. Den Designern eröffnet sich ein völlig unerforschtes Terrain, sie fühlen sich inspiriert, alle Möglichkeiten auszuschöpfen und die Grenzen dessen auszuloten, was die Männer tragen werden.

Das ist kein vorübergehender Trend, aber ebensowenig können wir von den Männern erwarten, daß sie den zweiten Schritt vor dem ersten tun. Relativ gesehen macht die Männermode größere Sprünge als die Frauenmode, aber nicht annähernd im selben Tempo. Die Männer haben sich ja immer schwer damit getan, hinsichtlich ihrer Garderobe allzu viele Entscheidungen treffen zu müssen, und indem die Designer völlig neue Stile kreieren, ziehen sie auch die Männer mit – langsam und gemächlich. Den Modemachern ist dieses langsamere Tempo nur recht, denn so können sie mit den Subtilitäten des Designs experimentieren. Auch ist das eine willkommene Abwechslung gegenüber der Frauenmode, die ja unter dem permanenten Druck steht, jede Saison drastisch neue Trends zu kreieren. Die Männer

sind noch nicht so weit, daß sie sich jede Saison eine neue Garderobe zulegen, aber allmählich machen auch sie sich das Konzept neuer Stile und saisonaler Trends zu eigen. Sie kaufen neue Stücke, um ihre vorhandene Garderobe und ihr Aussehen der Zeit anzupassen und in ihrer Kleidung immer mehr ihre persönliche Note zur Geltung zu bringen.

Die Männermode basiert in erster Linie auf dem Klassischen und dem Traditionellen: Der Anzug bildet nach wie vor die Grundlage der Herrenbekleidung. Allen Unkenrufen zum Trotz ist der Anzug alles andere als tot. Im Gegenteil, er hat viele Leben. Und was wir zur Zeit erleben, ist eine radikale Umwälzung. Jetzt dreht sich alles um den Sitz. Wenn ich könnte, würde ich lauthals an allen Straßenecken verkünden, daß die Männer den perfekten Anzug finden müssen. Wenn sie das schaffen, sind ihnen eine Million Komplimente am Tag sicher. Die Männer müssen herausfinden, welcher Stil ihnen entspricht und gut steht. Das Wichtigste dabei: Ein Anzug muß richtig sitzen – nicht unbedingt ein eng anliegender, sondern ein gut geschneiderter Anzug. Ein taillierter Anzug ist immer schmeichelhafter, unabhängig von der Statur. Er gibt Ihnen Halt und Selbstvertrauen. Ein weit geschnittener Anzug kaschiert nichts, sondern hebt die Makel nur noch hervor.

Als erstes würde ich empfehlen, einen Maßanzug zu kaufen, aber falls das zu teuer ist, gibt es auch eine große Auswahl an erschwinglichen Anzügen, die früher gar nicht angeboten wurden. Am besten gehen Sie mit jemandem in ein Modegeschäft, auf dessen Meinung Sie etwas geben und dem das Einkaufen Spaß macht.

Wenn Sie einen Designer oder einen Markenhersteller finden, dessen Anzüge Ihnen passen, dann bleiben Sie dabei. Und lassen Sie sich einen Anzug nie im Geschäft ändern. Gehen Sie statt dessen zu einem professionellen Schneider und lassen Sie sich den Anzug perfekt anpassen.

»Saloppe Kleidung am Freitag« ist in den meisten Büros zum festen Ritual geworden, aber seit die Männer gemerkt haben, daß sie sich durchaus um ihr Aussehen kümmern dürfen, ist die Wahrscheinlichkeit, daß die ganze Woche salopp wird, eher gering. Es steht außer Zweifel, daß ein gutangezogener Mann einen besseren Eindruck macht. Selbst ein lässiges Outfit sollte immer gepflegt wirken. Gut machen sich jede Art von Baumwollhosen, Polo- oder Button-down-Hemden und dazu ein Jackett, das man im Falle eines Meetings einfach überziehen kann.

Es gibt heute sehr viel Neues, mit dem sich experimentieren läßt, aber auch in Hemd und Krawatte kann ein Mann immer noch leger aussehen, es kommt einfach darauf an, wie er sein Outfit trägt. Ebensowenig wie beim Anzug sehe ich den Tod der Krawatte zu unseren Lebzeiten voraus – aber um diese Frage dreht es sich aus meiner Sicht auch gar nicht. Man kann durchaus einen eleganten, dunkelblauen Anzug mit einer Krawatte im selben Farbton tragen und trotzdem genauso modern aussehen und sich von der Masse abheben wie jemand, der im T-Shirt herumläuft.

Um sich freier zu fühlen, ist vor allem eines wichtig: Sie müssen sich ein wenig gehenlassen und mit einer Souveränität auftreten, die aus dem Bewußtsein herrührt, daß Sie einfach großartig und sexy sind.

136

Neue Regeln, alte Regeln?
David Bosman

Wie sehen die neuen Regeln für die Zukunft der Mode aus? Heute, wo sich dem modernen Menschen ein grenzenlos expandierendes Mode-Universum von Accessoires, Stoffen und Stilen eröffnet, steht unsere alte greifbare Welt vor der Alternative, sich entweder weiterzuentwickeln oder unterzugehen. Ob persönliche Websites oder Handys – die neue Regel der Mode lautet »Kommunikation«, freilich mit einem schnelleren Medium und einer größeren Öffentlichkeit. Die Balance zwischen »High Tech«, »High Touch« und »High Visual« produziert jene Energie, die die Modeindustrie ins nächste Jahrtausend befördern wird. Die Models katapultieren die Designer in eine neue grenzenlose Sphäre, die wir traditionellerweise als »Mode« bezeichneten. Was einst durch Marmor und Leinwand vermittelt wurde – nämlich Stil, Kunst und Sex –, wird heute durch die beiden Ziffern des binären Systems ausgedrückt, die nicht nur begreifbar, sondern auch anwendbar sind – und zunehmend sinnlich. In dieser Balance zwischen dem Virtuellen und dem Wirklichen werden die neuen Moderegeln definiert werden, aber egal ob Internet, eine Einzelboutique, ein neuer Stoff oder ein neuer Designer – die alten Regeln werden ihre Gültigkeit bewahren. Diejenigen, die erfahren oder kultiviert genug sind, sie zu beherrschen, werden auch die neuen Regeln machen: Marcus Schenkenberg.

Die Modebranche nennt ihn »das erste männliche Supermodel der Welt«. In der Presse wird er mit klassischen Ikonen verglichen, vom mythischen Adonis bis zu Michelangelos David. Die besten Photographen der Welt haben ihn durch ihre Linsen interpretiert. Sein beispielloses Wirken als männliches Model hat zu einem radikalen Paradigmenwechsel in der Definition von Maskulinität geführt und damit der modernen Vorstellung von männlicher Schönheit zum Durchbruch verholfen.

Als ich Marcus kennenlernte, hatten ihn bereits die einflußreichsten Männer-Agenturen in New York umworben. Die Model-Imperien, deren Mauern Generationen der herrschenden Klasse der Model-Industrie säumen, streuten dem rechtmäßigen Thronfolger Rosenblätter vor die Füße und machten ihm Angebote, die weit jenseits meiner damaligen Möglichkeiten lagen. Als Inhaber einer jungen Boutique-Agentur – der ersten überhaupt, die sich auf Männer spezialisierte – hatte ich nichts weiter zu bieten als einen Traum, eine Vision und eine Interpretation der zukünftigen Männermode. Als Marcus Schenkenberg zu Boss Models ging, war das für mich wie ein Coup d'Etat.

Mein erstes Dinner mit Marcus hatte ich in New York. Ich weiß nicht mehr, was er an jenem Abend bestellte, ich kann mich nicht einmal mehr an den Inhalt der Speisekarte erinnern. Ich war etwas benommen, etwas verunsichert. Das einzige, woran ich mich erinnere, ist, daß ich ihn zu meiner eigenen Überraschung persönlich sehr sympathisch fand. Im Gespräch teilte ich ihm meine Ziele und Vorstellungen mit, und er tat dasselbe. Heute weiß ich, daß wir beide instinktiv spürten, daß die Gesamtheit unserer Träume größer war als die Summe ihrer Teile.

Sein damaliges Vertrauen in die Agentur und die Loyalität, die er ihr seitdem bewahrt hat – etwas nahezu Beispielloses in einer Branche, wo das Abwerben zum Alltagsgeschäft gehört –, hat ihm sehr gefragte Cover und Kampagnen eingebracht. Vor seiner Zeit waren selbst die erfolgreichsten männlichen Models nichts weiter als Hintergrundstaffage für ihre Kolleginnen. Mit dem Auftreten von Marcus hat sich die Stel-

> **»Bereits sehr früh wurde mir klar, daß das Modelling das neue Hollywood ist und Marcus sein Hauptdarsteller. Die Zukunft der Männermode wird sich zumindest auf einem Eckpfeiler unter anderen aufbauen, und das ist der Name Marcus Schenkenberg.«**

139

lung der männlichen Models nicht nur in der Mode, sondern auch in der Werbung, der Unterhaltungsindustrie und der Pop-Kultur schlagartig verändert. Durch seine allgegenwärtige Präsenz ist er zu einer modernen Ikone geworden, deren Erscheinung die globale Pop-Kultur angereichert hat und weit über die inneren Kreise der Modebranche hinaus wirkt: Gianni Versace hat ihn zum Cover-Helden seines Bildbandes gemacht; eine kurze Suche im Internet-System[?] *Yahoo!* dürfte Hunderte von »nicht autorisierten« Websites zutage fördern, die von seinen Fans in vielen Sprachen und aus vielen Ländern angelegt wurden; sein Markenzeichen – die Leder-hose – ist im Fashion Café zu bewundern; der Fernsehkanal *E! Entertainment Television* hat ein halbstündiges Special mit Highlights aus seiner Karriere produziert; und die Zeitschrift *People* hat ihn zu einem der fünfzig schönsten Menschen der Welt ernannt – um nur ein paar Beispiele anzuführen. Aber abgesehen von seinem mythischen Status und allem voran: Marcus ist ein Gentleman, und das ist für mich das Entscheidende.

Ich werde oft gefragt, was ein Supermodel – und vor allem ein männliches Supermodel – ausmacht. Die umfassendste Antwort, die ich nach jahrelanger Erfahrung in der Branche darauf geben kann, lautet: Diejenigen, die Marcus kennen, wissen es. Wie bei einem Hollywood-Star oder bei einer lebenden Legende ist es eine Qualität, die ohne Worte auskommt und die sich nur durch Photographien oder durch die Person selbst richtig vermitteln läßt. Bereits sehr früh wurde mir klar, daß das Modelling das neue Hollywood ist und Marcus sein Hauptdarsteller. Die Zukunft der Männermode wird sich zumindest auf einem Eckpfeiler unter anderen aufbauen, und das ist der Name Marcus Schenkenberg.

Es zeigt sich immer wieder, daß die Vergangenheit im Grunde nur ein Prolog ist, und so bin auch ich wieder etwas benommen und etwas verunsichert angesichts der entmutigenden Aufgabe, einem Freund, der in meinem persönlichen wie in meinem beruflichen Leben eine so wichtige und zentrale Rolle gespielt hat, den angemessenen Tribut zu zollen. Als ich gerade dabei war, jedes Wort, das über Marcus geschrieben worden ist, zu lesen und wieder zu lesen, wurde ich eines Tages von Bob DeBenedictis, meinem Geschäftspartner der letzten neun Jahre, spontan ins Theater eingeladen. Das Stück begann mit einem Brief von Oscar Wilde, gerichtet an jemanden, den er für einen wahren Adonis hielt. Unwillkürlich mußte ich denken, daß Wilde das genausogut heute über Marcus hätte schreiben können: »Deine schlanke, goldene Seele wandelt zwischen Leidenschaft und Poesie. Ich kenne Hyazinth, den Apoll so wahnsinnig liebte …«

Wenn etwas so schön Geschriebenes sich auch hundert Jahre, nachdem die Tinte getrocknet ist, so perfekt übertragen läßt, dann wird die subtile Unterscheidung zwischen Alt und Neu weniger klar.

Diese Seite, rechts, Seite 138
MICHAEL TAMMARO
New York, 1996

PATRIK ANDERSSON
New York, 1997

143

DANK

Marcus bedankt sich bei Mom und Dad, Michael,
Jason Kanner, Alexandra Levi, Ina Bloom, Heather
Keller, Charles Miers, Lee Swillingham, Craig Tilford,
Trish Becker, Rich Baretta, Brad Johns, Kevin Krier,
Jim Moore, François Nars, William Norwich,
George Wayne, Valentino, Rosemarie Wetzel, Patrik
Andersson, Richard Avedon, Peter Beard, Carlo
Bosco, Conrad Godly, Arnaldo Anaya Lucca, Randall
Mesdon, Pier 59 Studios, Michael Tammaro, Albert
Watson, Donna Karan, Robert DeBenedictis, Camilla
Olsson, Catherine Hardenborg und David Bosman
sowie bei allen Mitarbeitern der Boss Agencies in
London, Miami und Südafrika für ihre Hilfe bei
diesem Buch … Ich liebe euch alle für die Liebe,
die ihr gebt – danke!

Jason Kanner bedankt sich bei David Bosman,
Maria Lombardi, Lisa Fernandez, Ina Bloom, Sarah
Hamilton Balley-Shaul, Glena Marshall, Alexandra
Levi, George Wayne, Jordan Shipenberg, Randall
Mesdon, Christina Trayfors, Jerry Morrone, Tracey
Mallalieu, Joseph Oppedisano, Steven Pranica,
James Scully, Michael Stratton, Rommell Wilson
und Heather Keller. Jason bedankt sich auch bei
Jill Tracey, David Bosman (noch einmal), Cameron
Carpenter und Darryll Dickens für all die Liebe,
die Unterstützung und den Zuspruch (ich liebe
euch alle!)

PHOTOGRAPHEN

Patrik Andersson, Jeffrey Apollan, Richard Avedon,
Judson Baker, Peter Beard, Gilles Bensimon, Carlo
Bosco, Roberto Dutesco, Don Flood, Thom Gilbert,
Marco Glaviano, Conrad Godly, Barry King, Rocco
LaSpata & Charles DeCaro, David La Chapelle, Karl
Lagerfeld, Kary H. Lash, Arnaldo Anaya Lucca, Michael
McMullan, Steven Meisel, Randall Mesdon, Michael
Munique, François Nars, Stephanie Pfriender, Chris
Ober, Francesco Scavullo, Michael Tammaro, Tyen,
Bruce Weber, Kal Yee

Photonachweis Seite 66.
Von links nach rechts, von oben nach unten: *Attitude*.
März 1995, Brad Branson; *Wiener* 10. Oktober 1993,
Susie Stockl, Sep Gallauer; *International Collections for
Men*, Sommer 1994, Carlo Bosco; *Intrig*, 1994;
L'Espresso, 1993; *YM*, Februar 1995, Jeffrey Thurnher;
Varon, September 1992, Jeffrey Apollan; *Arena*,
Herbst/Winter 1994, Albert Watson; *Clothes Show*, Juli
1995.